Irene Johanson

Was Engel uns heute mitteilen wollen

W0192361

Irene Johanson

Was Engel uns heute mitteilen wollen

Ihre Botschaften
wahrnehmen – bewegen – verarbeiten

Verlag Urachhaus

ISBN 3-8251-7292-9

2. Auflage 2000
© 2000 Verlag Freies Geistesleben & Urachhaus GmbH, Stuttgart
Umschlaggestaltung: U. Weismann unter Verwendung eines Bildes von
Sonia van der Klift, Den Haag
Druck: Offizin Chr. Scheufele, Stuttgart

Inhalt

Teil II

Einleitung

Es gibt heute Menschen, denen in völlig wachem Tagesbewusstsein Engelsbotschaften zuteil werden. Sie dürfen Mittler sein für solche, denen sich Engel auf diese Weise kundtun wollen. Diese Gnade wurde mir im Alter zuteil, als sich eine solche Mittlerin im Auftrag der Engel an mich wandte.

Ich war sehr erstaunt darüber, denn ich war mir in meinen geistigen Bemühungen, in meiner Meditation, meinen Schritten auf einem inneren Übungsweg immer sehr schwach vorgekommen. Ich prüfte die Botschaften, die mir übermittelt wurden sehr genau, um nicht einer Blendung, einer Täuschung, einer Verführung zu verfallen. Ein Kriterium dafür, dass es »gute Engel« waren, die sich mir bemerkbar machten, war, dass sie mich völlig frei ließen. Sie sagten mir nicht, was ich tun oder nicht tun sollte, sondern gaben nur Antwort auf meine Fragen.

Es kam auch vor, dass sie eine Antwort verweigerten, weil sie noch nicht gegeben werden durfte um der Freiheit willen. Es gab aber auch die Aufforderung:

»Frage weiter. Es ist wichtig für euch und für uns.«

Ich war ergriffen von der ständig spürbaren Nähe der Engelwelt und konnte nicht verstehen, warum gerade mir das zuteil wurde. Da wurde mir gesagt:

»Du hast dein ganzes Leben lang die Engelsführung zugelassen. Du warst immer mit uns verbunden, auch wenn du es nicht wusstest. In der Tiefe deines Wesens hast du es gewusst, wenn du zu dir selbst und anderen sprachst: Es geht um die Identität des Menschen mit sich selbst. Wenn er sich selbst bejaht und aus sich selbst spricht und handelt und denkt, kann er im Einklang mit den Engeln wirken.«

Und plötzlich ging mir auf, dass dieses Wort von der Identität mit sich selbst der Schlüssel war für die Tür, durch die die Engelsführung Einlass gefunden hatte in mein Menschenleben.

Sie wurde auch der Schlüssel für dieses Buch.

Wie Menschen den Engeln die Türe öffnen, um sowohl im ganz alltäglichen Leben, wie auch in besonderen Schicksalsstunden zu wirken, davon soll hier berichtet werden.

Teil I

Wer bin ich

Name und Schicksal

Wenn jemand von einem anderen gefragt wird: Wer sind Sie?, dann wird er gewöhnlich seinen Namen sagen, vielleicht noch, wo er wohnt, welchen Beruf er hat, wo und wann er geboren wurde. Es kann auch sein, dass jemand an einem Fest teilnimmt, zusammen mit vielen anderen. Man wird einander kurz vorgestellt, wechselt ein paar Worte miteinander oder sieht sich auch nur von weitem. Beim Abschied sagt der eine zum anderen:»Ich freue mich, Sie kennen gelernt zu haben.« Und der andere erwidert:»Sie kennen mich ja noch gar nicht.«

Um einen anderen Menschen kennen zu lernen, bedarf es mehr, als nur seinen Namen zu wissen und seine äußere Gestalt gesehen zu haben. Es bedarf, dass wir uns selber kennen, dass wir mit der Frage leben können: Wer bin ich?

Nicht dass wir darauf eine fertige Antwort erhalten, sondern dass wir der Frage nachgehen, ist wichtig, um einen anderen Menschen verstehen zu können, um Schicksale, Entwicklungen, Versäumnisse, Wandlungen erkennen zu können.

Wer bin ich? Das ist die Frage nach mir selbst und zugleich der Schlüssel zur Welt. Erst wenn ich mich selbst bejahe, kann ich die Welt bejahen.»Liebe deinen Nächsten wie dich selbst.« Wer bin ich selbst, dass ich mich lieben kann und meinen Nächsten wie mich? Wer bin ich?

Da ist zunächst der Name, den ich zu Beginn des Erdenlebens von anderen erhalte, mit dem ich gerufen werde. Schon das ganz kleine Kind fühlt sich gemeint, wenn es seinen Namen hört. Bevor es Ich zu sich sagt, sagt es seinen Namen, spricht es von sich selbst wie von einem anderen. Das ist ein Hinweis, dass es noch ganz identisch ist mit den übersinnlichen Wesen, mit denen es sein Schicksal vorbereitet hat und weiter daran bildet. Es ist sein von ihm selbst gewolltes und herbeigeführtes Schicksal, das im Einklang mit seinem und der anderen Menschen Engel steht, durch welches festgelegt ist, in welcher Familie, zu welcher Zeit, an welchem Ort, in welche Volks- und Zeitgeistsituation hinein es geboren wird. Sehr oft klingt in dem Geburtsschicksal schon ein Motiv an, das durch das ganze Leben wiederkehren wird. Menschen, die in eine große Familie hineingeboren werden, haben oft bis ans Lebensende eine starke Familienbindung und viel Familienschicksal zu bewältigen. Heute gibt es aber auch viele Menschen, die nur von einem Elternteil als Einzelkinder erzogen werden. Sie suchen sich oft das Familienartige außerhalb der eigenen Blutsbindungen. Daraus können solche Menschen im weiteren Leben die Fähigkeit entwickeln, Geistverwandtschaft zu pflegen, soziale Gemeinschaften zu bilden.

Variationen der Heimatlosigkeit

Ich kam bei sehr jungen Eltern zur Welt. Der Vater studierte noch, als das Kind sich anmeldete. Er ging mit der jungen Mutter ins Ausland. Dort wurde das Kind geboren und zog mit den Eltern ohne ein echtes Zuhause von einem Studienort und einer Reisesituation zur anderen. Sein Zuhause im ersten Lebensjahr war die Liebe der Eltern. Die lebten mit ihm in der Fremde und Heimatlosigkeit. Als das Kind vier Jahre alt war, emigrierte der Vater, trennte sich von der Mutter und brachte das Kind zu fremden Menschen. Dort wuchs es mit seiner Schwester und einigen anderen Kindern mit Liebe umsorgt, inmitten einer unberührten Natur und in einer großzügigen, weltoffenen Atmosphäre heran. Es dachte nicht nach über seine Situation. Es lebte darin mit Selbst-Verständlichkeit. Dieses Wort birgt das Geheimnis einer solchen Kindheit. Das auf Erden noch unmündige, träumende Wesen versteht sich mit seinem Selbst, ist identisch mit sich selbst, indem es sich in sein Schicksal stellt, wie in ein zu ihm selbst Gehöriges. In dieser

Selbst-Veständlichkeit lebt der Mensch in der Führung seines Engels. So wurde schon in der Kindheit die Heimatlosigkeit meine Heimat. Sie setzte sich noch fort, als dieses Zuhause von den Nationalsozialisten aufgelöst wurde. Jetzt musste ich einen weiteren Schritt in die Heimatlosigkeit tun. Ich kam in ein kirchliches Internat. Da war alles fremd, und die Religion wurde mir durch Missbrauch verleidet. Das einzige Heimatliche, das mir blieb, war meine Schwester. Als dieses Heim geschlossen wurde, kam ich mit meiner Schwester ein Jahr ins Ausland, wo die Mutter arbeitete. Dort lebten wir plötzlich in einer nie gekannten Freiheit, denn weder die Mutter noch der Lehrer waren für die deutschen Kinder im fremden Land eine Autorität. Diese kindliche Freiheit, die darin bestand, sich ganz dem Augenblick zu überlassen und von nichts und niemandem gezwungen zu werden, war für mich ein Jahr lang die Heimat in der Heimatlosigkeit. Wir kamen zurück nach Deutschland. Dort musste die Vierzehnjährige nach einem Vierteljahr als »jüdischer Mischling ersten Grades« die Oberschule verlassen. In einer befreundeten Familie wurde ich aufgenommen, um dort das obligatorische »Pflichtjahr« zu machen. Doch der »Stützpunktleiter« (Begriffe aus der Nazi-Zeit) des Dorfes verklagte den Vater der Familie, weil er als Korvettenkapitän seine Kinder von einer Halbjüdin erziehen ließ. So konnte ich dort nicht länger bleiben. Meine Mutter lag schwer lungenkrank im Sanatorium; die Großmutter ebenfalls. Die übrigen Verwandten hatten die Schwester aufgenommen und wollten sich nicht noch mit einem zweiten »Mischling« belasten.

Nun brach die Heimatlosigkeit über mich herein, zum ersten Mal als eine Verlassenheit, ein Ausgestoßensein, ein Verhängnis. Die Über-ein-Stimmung mit den Engeln, die Selbst-Verständlichkeit schien gebrochen. Da war plötzlich für mich kein Platz mehr in dieser Welt, keine Dazugehörigkeit mehr. Nur ganz in der Tiefe wurde ich getragen von der Sicherheit, dass auch dieses schwer zu lebende Schicksal dazugehört, zu mir gehört. In der irdischen Verlassenheit hatten mich die Engel nicht verlassen. Es fügte sich bald eine Hilfe zur anderen. Eine Pflichtjahrstelle wurde gefunden. Dann wurde ich freigestellt, die Mutter zu pflegen. Ich nahm alle Gelegenheiten wahr, mich zu bilden und interessante Menschen kennen zu lernen. So konnte ich Vorlesungen bei Prof. Eugen Herrigel, dem Verfasser des Buches »Die Kunst des Bogenschießens« hören, trotz meines viel zu jungen Alters. Die Heimatlosigkeit öffnete mir die Welt vergangener Geistigkeit. Das Ungewöhnliche wurde mir wieder selbstverständlich. Ich wusste nichts von Engeln, aber ich übergab mich unwissend ihrer Führung, indem ich mein Leben, wie es war, annahm und mir alles zur Schule wurde. Ich wollte so viel wie möglich lernen. Ich war immer noch Kind, denn nur Kinder können sich so fraglos, so ohne Murren und Hadern in schweres Schicksal hineinstellen und darin passiv und aktiv zugleich sein. Gerade durch diese Schicksalsergebenheit in aller Lernbereitschaft offenbart sich die Engelwirksamkeit im heranwachsenden Menschen. Er fragt dann nicht mehr: Wer bin ich?, aber er lebt: Das bin ich.

Dem Abgrund Schöpferkraft entringen

Zwischen dem Karma der Geburt und dem Beginn des Jugendalters verändert sich das Verhältnis des Kindes zur Engelwelt gemäß seines unbewussten Schicksalswillens auf mancherlei Weise.

Ein fünfjähriger Knabe empfand den unwiderstehlichen Drang, grausame Bilder zu malen, Mord, Folter und auch der Gekreuzigte gehörten dazu. Dabei hielten die Eltern alles von ihm fern, was ihn dazu hätte anregen können. Es gab kein Fernsehen, keine grausamen Geschichten, keine Illustrierten. Es war, wie wenn das Kind alle Grausamkeiten der Großstadt in der Nacht seelisch aufsog und am Tag aus sich heraus setzen musste. Eines Tages verlangte der Knabe von seinen Eltern, die keine Kirchgänger waren, mit seiner Schwester, die im Schulalter war, in den Sonntagsgottesdienst für Kinder gehen zu dürfen. Die Eltern und auch der Priester meinten, er sei noch zu jung, er solle warten, bis er in die Schule käme, aber er setzte sich durch. Er nahm die schlichten Bilder der kultischen Handlung in sich auf, verlangte jeden Sonntag danach. Nach kurzer Zeit legte sich der Drang, Grausames zu malen. Es war, wie wenn ein Schutzmantel von Wahrbildern aus der Engelwelt um ihn gelegt worden war, durch den die Bilder aus dem Abgrund nicht mehr in seine Seele dringen konnten. Dieser doppelte Prozess, sich von dem Einfluss aus Abgründen zu befreien, indem er sich dem Schöpferischen zuwandte, wo immer er es zu fassen bekam, wurde das Motiv seines Lebens. In seinem Beruf als Saxofonist musste er sich stets aufs Neue zwischen diesen beiden Welten erleben. Immer wieder ging es darum, dem Abgrund das Schöpfertum zu entringen und so zu erfahren: Wer bin ich? Dieses Ringen, das ihn schon als Kind in die Christusnähe brachte und die Welt der Engel erleben ließ, bestimmte sein weiteres Leben.

Umgang mit dem kindlichen Vertrauen

Einen besonderen Schritt mit der Frage: Wer bin ich? vollzieht jedes Kind um das neunte Lebensjahr. Da beginnt es, sich mit anderen zu vergleichen. Mein Freund kann besser rechnen als ich. Ich habe mehr Freunde als er. Oder die Rätselfrage taucht auf: Warum bin ich nicht meine Schwester? Warum ist meine Schwester nicht ich? Die Erwachsenen werden geprüft: Sind sie gerecht? Tun sie selber was sie von mir verlangen? Kann ich ihnen glauben? Wissen sie überhaupt, wovon sie sprechen, wenn sie mir von Gott oder Engeln erzählen?

Ein Knabe tollte noch im Bett herum, als er längst schlafen sollte. Alle Mahnungen der Mutter halfen nichts. Da ließ sie sich hinreißen zu sagen:»Wenn du jetzt nicht Ruhe gibst, dann kommt der Schutzengel heute Nacht nicht zu dir.« Da antwortete der Achtjährige:»Das Flügelrauschen kann ich sowieso nicht leiden.« Eine solche Situation zeigt, wie ein Kind die Engelbeziehung verliert, wenn die Eltern diese missbrauchen, wenn die Eltern ihre Glaubwürdigkeit verlieren, wenn sie die Prüfung ihres Kindes nicht bestehen. Das Kind möchte so gerne dem Erwachsenen vertrauen, möchte ihn innerlich groß und wahr sehen. Es fühlt sich selbst getäuscht, wenn der Erwachsene vor seinen Hoffnungen und Erwartungen nicht besteht.

*

Ich erzählte einmal als Religionslehrerin neunjährigen Kindern die Geschichte von Moses, der sein Volk im großen Vertrauen auf die göttliche Führung trotz aller Hindernisse und dem Fehlverhalten der Menschen durch die Wüste führt. Da stellte mir ein Mädchen die Frage:»Haben Sie auch so ein Gottesvertrauen wie der Moses?« Die Frage traf mich ins Herz. Was sollte ich antworten? Ich fühlte, was das Kind erwartete. Ich fühlte, dass nur die Wahrheit gefragt sein konnte. Ich konnte den Kindern in diesem Alter auch nicht sagen, ich müsse erst darüber nachdenken, denn in diesem Augenblick konnte es nur ein klares Ja oder Nein geben. So sagte ich »Ja.« Und als es ausgesprochen war, fühlte ich, dass ich dem Engel des Kindes ein Versprechen gegeben hatte. Wann immer im späteren Leben mich Zweifel ankamen, stieg dieses Ja von damals in mir auf. Ich wollte dem Kind die Wahrheit gesagt haben. Das Kind und ich, wir hatten einander ein Engelwort geschenkt.

Ein Schicksalsbild für den nächsten Lebensschritt

Manche Kinder wollen diesen Schritt, der sie der Welt gegenüberstellt, nicht tun. Ein Knabe war in diesem Alter noch immer ein verspielter Träumer, der nicht wahrhaben wollte, dass durch unbedachtes Spiel andere zu Schaden kommen konnten. Mit Freuden zog er einem Kind, das sich eben setzten wollte, den Stuhl weg, sodass es rücklings fiel, wobei es auch vorkam, dass sich ein Kind dabei verletzte. So waren seine Spielereien oftmals gefährlich für andere, weil er nicht Abstand nahm, sondern sich im Spiel verlor.

Da griff sein Engel sehr direkt ein. Der Knabe ging mit seinen Geschwistern in den Zirkus. In der Pause wollte er die wilden

Tiere im Käfig anschauen. Die Löwen hatten Junge. Ein Seil sperrte das Gelände ab, dass niemand den Tieren zu nahe käme. Doch der Knabe schlüpfte unter dem Seil durch und stellte sich direkt vor den Käfig. Ein Löwenkind wollte mit ihm spielen, griff mit der Tatze durch die Gitterstäbe und riss ihm eine tiefe Wunde an der einen Seite von Gesicht und Körper. Er kam ins Krankenhaus. Ich besuchte ihn dort und sagte:»Siehst du, dieses Unglück konnte nur dir geschehen. Andere Kinder kommen unter ein Auto oder fallen von einer Mauer oder verunglücken beim Skilaufen. Du bist von einem jungen Löwen verletzt worden, der einfach nur mit dir spielen wollte. Du bist nämlich selber wie dieses Löwenkind. Du willst nur spielen und denkst dir nichts dabei, wenn ein anderes Kind dadurch zu Schaden kommt.« An diesem Erlebnis wachte der Knabe auf und wurde ein Neunjähriger, der sich selber fragt: Wer bin ich? Das brachte ihn wieder in Einklang mit seiner Umwelt. Menschen sagen aus ihrer Sichtweise in solchen Situationen oft: Da hat der Schutzengel nicht aufgepasst und dann ist dem Kind dieses Unglück widerfahren. In Wahrheit geschieht es gerade als Wirkung des Engels, weil der Mensch dieses sogenannte Unglück braucht. Als sein Engel seinen Schutz von dem Knaben nahm, sodass er von dem Löwen verletzt werden konnte, tat er es gerade aus Liebe zu ihm, um ihn zu veranlassen, den nötigen Schritt zu tun.

Engelsweisheit zum Verstehen zwölfjähriger Kinder

Es gibt Kinder, die sich früh aus dieser Engelsführung lösen. Ein zwölfjähriger Knabe wurde mit dem Fahrrad von einem Auto erfasst und in hohem Bogen über die Straße geschleudert. Er prallte hart auf, und dennoch kam er mit ein paar Schürfungen davon, ohne Brüche, Prellungen, ohne Gehirnerschütterung. Nur wenige Tage später kletterte er auf einen Baum, stürzte herab und brach sich mehrfach das Handgelenk und zwei Rückenwirbel wurden verletzt. Er musste längere Zeit fest liegen. Die Eltern machten sich Sorgen und stellten die Frage, was es zu bedeuten habe, dass ihr Sohn erst verschont und dann doch so hart getroffen wurde. Was sollte das ihm und ihnen sagen? Gab es vielleicht einen Zusammenhang zwischen dem Unfall des Jungen und seinem streitsuchenden Verhalten der jüngeren Schwester gegenüber? Oder hatten die Eltern selber in der Erziehung etwas falsch gemacht? Ich ließ die Engel durch die junge Frau fragen, und es wurde uns gesagt:

»Der Junge hat seinen Schutzengel weggeschickt. Das ist nicht so selten, wie man annimmt. Darum konnte diese Verletzung geschehen. Beim Autounfall hat der Engel den Sturz gebremst. Aber der Junge will dieses Behütetsein nicht. Er will selbst die Verantwortung für sein Handeln übernehmen. Er hat Angst, Angst vor dem Leben, Angst vor dem Erwachsenwerden, dem Entscheidenmüssen, der Verantwortung. Andererseits drängt ihn alles dazu, die Situationen selbst zu bestimmen. Und wenn es dann so weit ist, ist er doch noch viel zu viel Kind. Diese schlimme Verletzung zeigt, dass er sich zu viel zutraut, zu viel Verantwortung übernehmen möchte. Er überfordert sich selbst, will sich selber nicht mehr Kind sein lassen. Die Eltern stehen fast machtlos davor und müssen diesen einsamen Kampf beobachten. Sie sollten das Kind, den kleinen Mann, in Ruhe lassen. Lieben sie ihn, wie er ist, und nehmen sie den Jungen an, wie er ist? Das ist jetzt das wichtigste Gefühl für ihn: die Akzeptanz der Eltern, wenn er sich selbst nicht mehr mag. Ist das möglich? Der Junge wird als schwierig bezeichnet. Doch alles, was er braucht, ist die Zurückhaltung der Eltern und die Liebe. Das Geborgensein und das Loslassen. Dem schwierigen Verhältnis zur jüngeren Schwester wird zu viel Bedeutung beigemessen. Die beiden haben in den höheren Welten diese Geschwisterkonstellation gewählt, um altes Karma wieder auszugleichen. Vielleicht erinnern sie sich noch einmal daran und knüpfen an diesen vorgeburtlichen Wunsch an. Ihr Leben währt noch länger. Der Austausch ist noch nicht abgeschlossen. Es ist für Eltern sehr anstrengend, aber für Kinder unendlich wichtig zu wissen, dass Karmabeziehungen schon mit Geschwistern anfangen. Das ist eine besondere Art der Beziehung, diese Geschwisterkonstellation. Sie ist so stark verbindend in den Anfangsjahren. Man muss sich dieser so nahen Person immer wieder stellen. Im Erwachsenenleben gehen wir den Leuten einfach aus dem Weg. Darum Geschwisterkonstellation – unausweichlich für eine gewisse Zeit.«

Diese Botschaft, an ein bestimmtes Elternpaar gerichtet, enthält Wahrheiten, die in Abwandlung für viele Kinder in diesem Alter gelten. Wenn Rudolf Steiner einmal darauf hinweist, dass das persönliche Schicksal des Menschen mit 12 Jahren etwa beginnt, so hat das etwas damit zu tun, dass das Verhältnis zum Engel sich ändert. Der Mensch gerät in Zwiespalt, wie es in der Botschaft geschildert wird. Er möchte nicht mehr behütet sein und hat doch noch nicht die Kraft, für sich selbst zu stehen. Die kindliche Identität mit sich selbst geht verloren, aber gerade in diesem Verlust lebt die Identität, denn dies gehört zu ihm und seinem vorgeburtlichen Schicksalswillen. Die geistige Wirklichkeit ist immer wieder paradox. Indem der Mensch an der Schwelle von der Kindheit zur Jugend seine Identität mit sich selbst, seine Übereinstimmung mit dem Engel verliert, macht er gerade einen Schritt im Sinne seines Engels, beginnt sein persönliches Schicksal. Indem er sich von seinem Engel befreit, ist der Engel ihm nahe, lebt der Engel in seiner Befreiung.

Darum erleben wir das frühe Jugendalter einerseits als eine Zeit, die mit Freude, mit Idealen, Entdeckungen, Begeisterung und Liebe erfüllt sein kann, auf der anderen Seite doch so schwer, so voller Einsamkeit, Abgründen, innerer Not ist. Denn der Engel gibt in dieser Zeit seinen Menschen frei mit allem Risiko, das zu jeder Freiheit gehört. Und gerade das ist seine Engelsführung. Eine Legende macht das deutlich, die diesem Alter besonders entspricht:

Ein Mensch schaut aus der geistigen Welt auf sein Leben, das ihm wie eine Wüstenwanderung erscheint. Er sieht im Sand zwei Fußspuren und versteht, dass die eine ihm, die andere seinem Engel gehört. Er bemerkt, dass immer dann, wenn er in besonderer Not, Gefahr, Schwierigkeit war, nur eine Fußspur zu sehen ist. Er fragt seinen Engel, warum er ihn in den schwersten Zeiten allein gelassen habe, denn da sei jeweils nur eine Fußspur zu sehen. Der Engel antwortete:»Mein Kind, da habe ich dich getragen.« Was auf der Erde als die Verlassenheit vom Engel erlebt wird, ist im Geistigen ein Getragenwerden!

Die Wirkung Frühverstorbener auf junge Menschen

Wenn ein Mensch in jungen Jahren durch den Tod von der Erde genommen wird, kann es geschehen, dass er eine engelähnliche Aufgabe übernimmt. Auf Erden bewirkt ein solcher Tod bei den Menschen eine große Erschütterung. Aber gerade das reißt die Seelen auf wie ein Pflug den Acker, und sie werden bereit, eine Saat zu empfangen, die sie als deutliche Schicksalswinke und sinnvolle Fügungen erleben, die ihnen, wie sonst von Engeln, von dieser verstorbenen Seele zukommen.

Eine Siebzehnjährige starb innerhalb kurzer Zeit und völlig unerwartet an einem plötzlich auftretenden Nierenversagen. Ihre Freunde, Klassenkameraden und alle, die ihr nahe standen, hatten in den drei Tagen zwischen Tod und Begräbnis das Bedürfnis, zusammenzukommen, ihrer zu gedenken und am Ende des Zusammenseins den persönlichen Schmerz in ein überpersönliches Tun umzuwandeln. Sie zündeten Kerzen an und beteten darum, dass der frühe Tod dieses Menschen nicht umsonst gewesen sein möge. Nach diesen drei Tagen nahm die Sehnsucht nach einer Verbindung zur Verstorbenen und das Einbeziehen in das Erdenleben nicht ab. Vor jedem Fest veranstalteten sie einen Gottesdienst, in dem versucht wurde, das Wesen der christlichen Feste zu besinnen und im heutigen Leben neu zu vergegenwärtigen. Solche Gedanken und Impulse suchten die jungen Menschen ein Jahr lang regelmäßig. Dann trafen sich einige davon in kleinerem Kreis und erzählten sich, bei welchen Gelegenheiten sie die verstorbene Freundin sich nahe gefühlt hatten. Es waren ihnen meistens Entscheidungshilfen durch sie zugekommen. Das Wichtigste war ihnen, die Gewissheit erlangt zu haben, dass

Frühverstorbene mit dem Leben der Erdenmenschen verbunden bleiben, dass man sie bewusst einbeziehen kann und dass man durch sie auch wieder erfahren kann, dass es Engel gibt. Ein Mädchen erzählte, sie habe vor der Entscheidung gestanden, sich mit einem Mann im Sinne einer Lebensgemeinschaft zu verbinden. Abends vor dem Einschlafen habe sie mit der Stimme der verstorbenen Freundin innerlich ganz laut die Worte gehört: Tu's nicht! Im gleichen Augenblick habe sie gewusst, dass es ihr Engel ist, der durch die Verstorbene zu ihr spricht. Sie habe das Ganze noch einmal geprüft und plötzlich bemerkt, dass sie in der Tiefe schon selber wusste, was ihr auf diese Weise bestätigt worden war. So kam durch diesen Erdentod eine Geistoffenheit in diese jungen Menschen, die sie durch alle Höhen und Tiefen des Lebens nie mehr ganz verlassen hat. Solche Beispiele gibt es viele. Sie tragen dazu bei, dass Menschen wieder zugänglich werden für die Engelwelt und dass die dunklen, verfestigten Seelenschichten, die die Menschen von Jahrhundert zu Jahrhundert mehr von der Welt der geistigen Wesen getrennt hat, aufgelichtet und durchlässig werden.

Im Interesse für die Welt sich selbst finden

Es entspricht der Entwicklung des Menschen im frühen Jugendalter, nicht zu fragen: Wer bin ich?, sondern sich für alles zu interessieren, was in der Welt geschieht, was andere Menschen denken und erleben, wie es bei anderen Völkern zugeht, wie die Welt früher war und sich verändert hat, wie man mit Technik umgeht oder einfach, wie man ein Zeitgenosse sein kann. Bei all diesen Erkundungen wird der junge Mensch nicht mehr von seinem Engel geführt. Er fühlt unbewusst diese Verlassenheit und übergibt sich dem Gruppenwesen seiner Generation oder der Geistigkeit, die darin lebt. Er geht auf im negativen oder positiven Wesen seiner Zeit, bis eines Tages die Frage wieder aufsteht: Wer bin ich? Dem einen widerfährt das mit 18 Jahren, dem anderen später. Aber immer geschieht es durch eine Begegnung.

Nachdem ich dieses Leben mit dem Motiv der Heimatlosigkeit angetreten hatte, begegnete ich mit 17 Jahren Menschen, die soziale Leistungen vollbracht hatten aus dem Menschenverstehen, das ihnen die Anthroposophie Rudolf Steiners vermittelt hatte. Gedanklich verstand ich das meiste noch gar nicht, aber ich wusste sofort: Das ist es, was mir entspricht. Das gehört zu mir. Das ruft mich. Das ist Quell meines Lebens. Das bin ich. Die Identität stellte sich zum ersten Mal bewusst ein, und somit konnte auch die Engelsführung wieder irdisch erlebbar werden. Ein neuer Mensch kam in mir für die anderen in meiner Umgebung zum Vorschein. Das stille, zurückhaltende, träumerische Mädchen wurde lebhaft, initiativ, wach seine Ziele verfolgend. Trotz meines vierjährigen Schulverlustes machte ich nach einem Jahr Abitur. Als zwei Schulfreundinnen mich zu Hause besuchten, erzählten sie der Mutter, was deren Tochter in der Klasse in Bewegung brachte, z.b. habe sie einen Chor ins Leben gerufen, der zu Schulfeiern auftrat. Die Mutter konnte kaum glauben, dass von ihrer Tochter die Rede war, denn zu Hause hatte sie noch nichts von diese Wandlung bemerkt. Das familiäre Zuhause war eben nicht mein wahres Zuhause. Das fand ich jetzt überall dort, wo sich die Begebenheiten des Lebens im wahrsten Sinne des Wortes wunderbar, Wunder gebärend fügten.

So wurde ich in der Straßenbahn von einem jungen Mädchen angesprochen, das mich in einem Vortrag gesehen hatte. Es erzählte mir, dass es, bis die Schule wieder aufgemacht würde, in seiner Wohnung Kinder zusammenriefe, die es nach der Waldorfpädagogik unterrichte, und es fragte mich, ob ich das einmal miterleben wolle. Natürlich nahm ich das Angebot freudig an. Was ich dann erlebte, weckte in mir den Entschluss, in diesem Sinne einmal mit Kindern zu arbeiten. Durch dasselbe Mädchen lernte ich die Frau kennen, die dann ein Dreivierteljahr später Direktorin der Oberschule wurde. Mit ihr besprach ich mich, in welche Klasse ich nach vier Jahren Schulverlust gehen solle. Die Antwort war:»Sie gehen in die Ihrem Alter gemäße Klasse, die ich übernehmen werde, und machen in einem Jahr Abitur.« So geschah es. Diese Frau erzählte mir auch von einem Jugendkreis der Christengemeinschaft, einer religiösen Bewegung, die, wie die Waldorfpädagogik, mit der Hilfe Rudolf Steiners entstanden sei. Ich ging dahin, und von nun an galt mein Interesse, meine Liebe, meine Erkenntnissuche und mein Einsatz fast ausschließlich dem Leben in der Christengemeinschaft. Die Fügungen und Führungen bestätigten mir diesen Weg. Mehrmals in der Woche lief ich, weil abends keine Busse mehr gingen, sechs Kilometer zu Fuß von einer Veranstaltung in der Stadt nach Hause. Ich wohnte auf dem Land. Die Nachbarn fragten die Mutter, ob sie sich nicht Sorgen um ihre Tochter mache, sie müsse doch immer allein an einer Kaserne vorbeigehen, wo immer wieder junge Mädchen belästigt wurden. Die Mutter sagte: »Meine Tochter hat keine Angst. Darum habe ich auch keine Angst.« Einmal wollte ich nach einer Silvesterpredigt abbiegen und den Weg durch ein Tal nehmen. Als ich mit der Straßenbahn zur Endstation fuhr, hatte ich das deutliche Gefühl, ich solle in dieser Nacht besser nicht nach Hause laufen. Ich kehrte um, klingelte bei meiner Direktorin, die mich sofort gerne bei sich übernachten ließ. Zwei Tage später stand in der Zeitung, dass in jener Silvesternacht zwei Frauen in diesem Tal von Betrunkenen überfallen worden waren.

Auch meine großen Lehrer und Freunde lernte ich durch Fügungen kennen. So wollte ich einmal zu einem Jugendkongress nach Holland fahren, bekam aber kein Visum. Tief enttäuscht und traurig musste ich in Deutschland bleiben. Da erfuhr ich von einer Tagung im Sauerland, die schon begonnen hatte. Ich fuhr dennoch hin und lernte dort einen Menschen kennen, der einen Malkurs gab. Durch ihn wurde mir das Vorurteil genommen, das mir in der Schule eingeprägt worden war, ich könne nicht malen. Dieser Mensch wurde mein Lehrer auch im Erleben der Natur und im Umgang mit Schicksal. Bis zu seinem Tod und darüber hinaus dauerte die tiefe Verbundenheit. Ich dankte damals dem Umstand, der mich verhindert hatte, nach Holland zu fahren. Dass hinter all solchen Fügungen Engel wirksam waren, wurde mir erst viel später bewusst. Ich hatte die Übereinstimmung mit mir selbst gefunden, ging ganz bewusst meinen Weg, und das war zugleich der Weg meiner Engelsführung. Es war die Übereinstimmung mit dem vor der Geburt vom Menschen selbst hervorgerufenen Schicksalswillen.

Die vorgeburtliche Sendung erkennen

Dieser Schicksalswille wird manchmal von hellfühligen Menschen viel früher wahrgenommen als von dem Betroffenen selber. Und erst wenn dieser zu sich selbst erwacht ist, um das 21. Jahr, erlebt er die Bestätigung dessen, was der andere ahnend voraussah und was auch ihn unbewusst durch Kindheit und Jugend geleitet hat.

Das Kind einer bürgerlichen Familie wurde von einem christlichen Priester getauft, der ein bekannter Indologe und ein Kenner des Buddhismus war. Nach der Taufe sagte er zu den Eltern:»Dieses Kind wird einmal eine Brücke bauen zwischen Ost und West.« Es war der einzige Sohn seiner Eltern, und es war ihnen gar nicht angenehm, sich vorzustellen, dass ihr Kind womöglich einmal sehr weit von ihnen entfernt leben würde. Sie sagten dem Knaben darum nichts von den Worten des Priesters.

Als das Kind mit fünf Jahren im Gespräch der Erwachsenen das Wort»Japan« auffing, rief es:»Japan, da bin ich zuhaus'.« Der Vater meinte nur, er wisse doch gar nicht, wo Japan liege. Das irritierte den Knaben, und er sagte nichts mehr. Aber mit 13 Jahren begann er, japanisch zu lernen. Nach dem Abitur bekam er in Bonn eine Anstellung an der japanischen Botschaft. Er fuhr zum ersten Mal nach Japan und merkte gleich, wie wahr sein Wort aus Kindermund gewesen war. Er wurde der erste europäische Meister in der zenbuddhistischen Teezeremonie. Er kam nach Deutschland zurück und teilte seinen Eltern mit, dass er den Ruf an die Waseda-Universität in Tokyo angenommen habe, um dort als Deutschprofessor bis zu seinem 70. Lebensjahr zu wirken. Erst auf dem Bahnhof beim Abschied von seinen Eltern erzählten ihm diese, was der Priester nach seiner Taufe zu ihnen gesagt hatte.

26

Nun begann sich das Schicksal zu erfüllen, und der junge Mann fühlte sich ganz und gar identisch damit. Er verband sich tief mit der japanischen Kultur und mit den Wurzeln dieses Volkes. Er war wohl selber als Individualität schon mit diesen Wurzeln verbunden gewesen. In diesem Leben vermittelte er dem japanischen Wesen ein Christentum, das die spirituellen Tatsachen, die im Buddhismus leben, einbezieht. Und Europäern vermittelte er einen Buddhismus, der sich seit Buddhas Zeiten im Sinne des Christuswirkens weiterentwickelt hat. Er wurde als überzeugter Christ buddhistischer Priester. Darin erlebte er seine Identität, die schon bei seiner Taufe vom Taufenden wahrgenommen worden war. Die Engelsführung geht über alle konfessionellen Grenzen hinaus. Das war die unausgesprochene Botschaft dieses Erdenlebens.

Vorgeburtliche Entschlüsse in Fügungen wieder erkennen

Auch tragisches Schicksal kann Ausdruck der Identität mit sich selbst sein. Eine Gruppe von Fünfzehnjährigen übte mit mir »Das Salzburger Große Welttheater« von Hugo von Hofmannsthal ein. Darin ruft Frau Welt die ungeborenen Seelen und erteilt ihnen die Rolle, die sie auf Erden zu spielen haben. Es gibt den Stolzen, den Bescheidenen, den Tänzer, Kaufmann, König und auch den Bettler. Die Seele, die Bettler werden soll, weigert sich, diese Rolle anzunehmen. Sie schreckt zurück vor einem solchen Leben. Aber schließlich fügt sie sich dem Schicksal. Alle anderen wehren sich, als am Ende der Tod kommt, sie zu holen. Nur der Bettler begrüßt ihn als Freund.

Der Junge, der den Bettler spielte, war außerordentlich begabt. Und er legte sein ganzes Wesen ins Spiel dieser Rolle. Bei der Aufführung durchzuckte es mich: der spielt sein eigenes Schicksal. Und ein anderer Zuschauer hatte den gleichen Gedanken. Wir schoben diesen Eindruck wieder von uns. Als aber der Junge mit 21 Jahren die Bechterewsche Krankheit bekam, fiel mir das Erlebnis wieder ein. Durch diese Krankheit versteift das

Rückrat schubweise. Der Mensch kann sich nur noch in kleinen Schritten vorwärts bewegen. In diesem Fall kam noch eine Überempfindlichkeit der Sinne und der inneren Organe dazu. Der junge Mann zog sich ganz von der Familie und auch aus der Gesellschaft zurück. Wo er auftauchte, wurde er wie ein Bettler, ein Obdachloser mit Verachtung behandelt. Er konnte nur stehen oder liegen, aber nicht sitzen. So geschah es manchmal, dass er sich in der S-Bahn auf eine Bank legte, dann aber von Beamten hinausbefohlen wurde. Die Menschen lachten über ihn. Mütter warnten ihre Kinder vor ihm. Freundinnen blieben ihm nicht dauerhaft verbunden. Obwohl er als Frührentner gut versorgt war, glich sein Leben dem eines Bettlers um Liebe, um Verständnis, um Akzeptanz. Das Bewundernswerte ist, dass dieser Mensch sein Bettlertum angenommen hat, gelernt hat, mit diesem Zustand, der auch unsägliche körperliche Schmerzen bereitet, zu leben. Er hat gelernt und erringt es sich immer wieder aufs Neue, auch wenn er es nicht so formuliert, sein Schicksal mit sich zu identifizieren und sein eigenes vorgeburtliches Ja dazu zu bestätigen.

Schwellenerlebnis

Es gibt auch schockierende Antworten auf die Frage: Wer bin ich? Der Mensch weicht ihnen gerne aus oder bagatellisiert sie. Und doch kommt es gerade auf diese Erlebnisse an, wenn der Mensch im weiteren Leben die Übereinstimmung mit sich selbst, mit seinem Engel finden und aus ihr wirken will. Es ist dies ein Schwellenerlebnis. Wer es durchmacht, sieht sich für Augenblicke von jenseits der Schwelle, die wir als Erdenmenschen zwischen der sinnlichen und der übersinnlichen Welt erfahren. Man sollte dieses Erlebnis nicht künstlich herbeiführen, z.B. durch psychoanalytische Methoden. Denn um es heilsam durchzustehen, muss der Mensch reif dazu sein. Diese Reife kann keiner von außen feststellen, und mancher, der durch eine von Menschen entwickelte Methode in die Tiefen und Untiefen seiner Seele geführt wurde, ist dadurch in eine Abhängigkeit oder Angst oder in eine permanente Beschäftigung mit sich selbst geraten. Wer sich aber vom Leben selbst in die Selbstschau führen lässt und dann nicht ausweicht, wird erfahren, dass er von da an anders in diesem Leben steht. Er braucht die Wirklichkeit geistiger Wesen nicht mehr bloß zu denken oder zu glauben, sondern sie sind für ihn im Irdischen anwesend, weil ihm die Welt als ein Ganzes erlebbar wird, wenigstens von Zeit zu Zeit. Wie vollziehen sich solche Begegnungen mit sich selbst? Sicher auf sehr individuelle und dem jeweiligen Schicksal gemäße Weise. An Beispielen kann uns das Allgemeingültige deutlich werden. Ich bekam eine Strafanzeige, ich habe beim Ausparken ein anderes Auto gerammt, ohne meine Adresse oder die meiner Versicherung zu hinterlassen. Da es ein Dienstwagen war, lief die Anzeige über meine Dienststelle. Das war mir sehr peinlich. Da entdeckte ich, dass ich die Straße, in der sich der Vorgang abgespielt hatte, gar nicht kannte und dass zu der Zeit, die angegeben war, in meinem Kalender ein fester Termin stand für einen Krankenbesuch. Ich griff diese zwei Tatsachen erleichtert auf und war überzeugt, dass das eine Fehlanzeige und ich unschuldig war. So wurde die Anzeige zurückgewiesen. Kurze Zeit danach besuchte ich den Kranken wieder und stellte fest, dass in der Straße, in der dieser wohnte, Parkverbot war. Ich fand in einer Seitenstraße einen Parkplatz. Mein Auge fiel auf das Straßenschild. Es zeigte genau den Namen, der auf der Anzeige angegeben war. Und plötzlich sah ich die ganze Szene vor mir. Die Autos vor und hinter mir hatten sehr eng an meinem Wagen gestanden. Ich hatte ein leichtes Anstoßgeräusch gehört und war, ohne mich umzusehen, losgefahren. Etwas in mir wollte die Tatsache nicht wahrhaben, und so hatte ich den ganzen Vorgang hinter meinen Erklärungen verdrängt.

Indem mir das alles bewusst wurde, war mir, als zerrisse vor meinen inneren Auge ein Vorhang und der Abgrund meiner Seele tat sich vor mir auf. Das war mit irdischen Begriffen und Vorgängen nicht mehr zu beschreiben. Alles Böse, alles Unrecht, alles Niedere und Gemeine stand als einziges, schreckliches Gebilde vor mir und zugleich die niederschmetternde, schamvolle Erkenntnis: Das bin ich. Aber dann erfuhr ich, was für mich bis dahin nur eine religiöse Redewendung gewesen war: dass es in diesem Abgrund das Wesen gibt, das die Sünden der Welt trägt. Das war die andere, dazugehörige Seite dieses Erlebnisses. Aber dieses Wesen zeigte sich nicht von außen, sprach nicht aus dem Abgrund zu mir, sondern aus meinem Inneren sprach es:»Dein Ich bin ich. Ich bin dein Ich.« Dieses Erlebnis brachte eine verstärkte Bereitschaft, zu sich selber zu stehen, auch wenn es schmerzhaft, peinlich oder schwierig ist. Wenn so etwas geschieht, wird jedes Mal den an einem Schicksal beteiligten Engeln der Wirkensraum bereitet, ohne den sie die Erdenmenschen nicht erreichen können. Denn sie fallen nicht in ein Menschenleben ein wie Machthaber oder Fanatiker, sondern sie klopfen an und treten nur ein, wenn ihr Klopfen gehört und ihnen Einlass gewährt wird.

Zu den eigenen Schwächen stehen

Ich hatte immer wieder Bewährungsproben zu bestehen, wo es um dieses Zu-sich-selber-Stehen ging. Ich gab Religionsunterricht in vielen Altersstufen. Im Lauf der Jahre hatte ich so viele Erfahrungen mit Kindern und Jugendlichen erworben, dass ich glaubte, nichts könne mich mehr unsicher machen, ich würde alle pädagogischen Situationen meistern.

Eines Tages übernahm ich eine sechste Klasse. Zunächst ging es gut, aber dann musste ich erleben, dass die Kinder meiner Führung mehr und mehr entglitten. Zuletzt war ich völlig ratlos und völlig ausgeliefert. Jede Stunde ging daneben. Ich war verzweifelt. Es boten sich viele Erklärungen an. Die Klasse hatte viel Lehrerwechsel gehabt. Die anderen Lehrer hatten auch große Not mit ihr. Es gab darin viele Kinder aus zerrütteten Ehen. Aber alle diese Erklärungen machten die Situation nicht besser. Schließlich überlegte ich, ob ich die Klasse im nächsten Schuljahr nicht abgeben solle an einen Kollegen, der vielleicht besser mit den Kindern zurecht kam. Indem ich solche Gedanken bei mir bewegte, kam ich plötzlich darauf, dass dies alles mit mir selbst etwas zu tun haben könnte. War ich nicht gerade dabei gewesen, mich für pädagogisch unfehlbar zu halten? Wollten mir, wie das Sprichwort sagt, die Bäume nicht gerade in den Himmel wachsen? Sollten mir Grenzen gezeigt werden und Demut statt Hochmut bei mir einkehren? Ich nahm die Erziehung der Schicksalsengel an und behielt die Klasse. Und von Stund an hatte ich keine Schwierigkeiten mehr mit den Kindern. Ich behielt sie bis zur 12. Klasse und pflegte mit vielen noch nach der Schulzeit gute Beziehungen. Ich nannte diese Klasse meine »Schicksalsklasse«, denn sie hatte mir zu einer wichtigen Erfahrung verholfen auf dem Wege zur Identität mit mir selber. Ich konnte zu meinen Schwächen stehen, und das wird von Kindern und Jugendlichen, die einen starken Sinn für das »Echte« haben, höher eingestuft als alle pädagogischen Maßnahmen.

So sagte ich einmal zu einem Schüler der Oberstufe, den ich auf dem Schulhof traf: »Sie verstehen es, jede Stunde mit ihren kurzen, zynischen Bemerkungen zu zerstören, gerade dann, wenn es für die anderen besonders dicht und geistnahe wird. Ich weiß nicht, wie ich es verhindern kann, ich weiß einfach nicht, was ich machen soll. Können Sie mir vielleicht einen Rat geben?« Da sagte er: »Ich will das eigentlich gar nicht. Das kommt jedes Mal so über mich. Die besondere Atmosphäre reizt mich, und dann muss ich irgendetwas Blödes sagen. Wissen Sie was? Wir machen ein Kodewort aus. Sagen sie ganz nebenbei, aber in meine Richtung: ›Mal sehen‹, dann pass ich auf mich auf.« Ich befolgte seinen Rat, und es ging gut. Nach kurzer Zeit war das Wort gar nicht mehr nötig, und der junge Mann war wie von einem Bann befreit und konnte sich den besonderen Augenblicken öffnen. Man hüte sich aber tunlichst davor, so etwas absichtlich anzuwenden, um etwas zu erreichen. Die Ratlosigkeit und das Gespräch mit dem Jungen darf nur aus der Identität mit sich selbst kommen und nicht als Trick verwendet werden. Nur dann wird es den helfenden Geistern möglich, mitzuwirken.

Die Identität des Amtsträgers mit sich selbst

Besonders schwer, aus dem eigenen Wesen zu handeln, zu sprechen und zu denken, haben es solche Menschen, die ein Amt bekleiden, die im gesellschaftlichen Leben eine Rolle spielen, die in irgendeinem Bereich führend sind. Das wird deutlich, wenn sie den Unterschied ihres Verhaltens ansprechen mit den Worten: Jetzt bin ich im Dienst und: Jetzt bin ich Privatmensch. Jeder Mensch hat ganz aus sich und der Situation heraus verschiedene Weisen, mit anderen Menschen zu sprechen und sich zu verhalten. Er spricht anders mit seinem Ehepartner, anders mit seinem Vorgesetzten, mit einem Freund oder Vertrauten, mit einem Menschen in Not oder im Glück, mit einem Kind oder einem Sterbenden. Ein Priester spricht anders, wenn er sich im Gottesdienst der göttlichen Welt zuwendet oder eine große Gemeinde vor sich hat, als wenn er mit einem oder wenigen Menschen ein Gespräch führt. Doch diese Unterschiede zeigen, wie ein Mensch in großer Vielfalt aus seinem Eigenwesen sprechen kann, weil er die Situation einbezieht, sich auf sie einlässt und zulässt, dass etwas zum Sprechen kommt, was zwischen ihm und anderen lebt. Er und der andere können sich in diesem Zwischenwesen einen, ohne sich selbst aufzugeben oder zu verleugnen. Jede Gemeinschaft, jede Ehe, Schulklasse, jedes Arbeitsteam hat solch ein »Wesen zwischen den einzelnen«. Man nennt es den Klassengeist, den Betriebsgeist, den Geist des Hauses, den Engel der Gemeinde. In seinem Dienst kann ich, bei allem Wechsel des Verhaltens, immer Ich selbst sein.

Aber wenn ein Mensch sagt: Jetzt bin ich Arzt, Lehrer oder Priester, Chef usw. und später bin ich Privatmensch, dann ist sein Amt wie ein Kleid, das er an- und auszieht, und die Menschen erleben dieses Kleid. Er macht Eindruck durch sein Kostüm und nicht durch den, der er ist. Der kommt, so meint er, erst wieder zum Vorschein, wenn er sich privat fühlt, z.B. in seiner Familie. Da gibt es dann oft das andere Extrem. Der Mensch kann sich endlich gehen lassen, kann seine wahre Befindlichkeit ausleben, kann, wie er meint, so sein, wie er in Wirklichkeit ist, das Kostüm, die

Rolle ablegen. Aber ist er das? Er lässt sich ja gehen, fortgehen, ist nicht dort, wo er sich so oder so verhält. »Ferien vom Ich« werden die Urlaubszeiten dann genannt. Aber es ist eben gerade nicht das eigene Ich, das da wirkt, weder in der Berufsrolle noch im privaten Sich-gehen-Lassen. Es ist die Verwechslung von Seele und Ich, die sich so auswirkt. Im Amt soll ein Mensch alles Persönliche ablegen, alles Subjektive; das ist aber das Seelische, nicht die Individualität. Er darf z.b. nicht seine persönlichen Sympathien und Antipathien gegenüber seinen Patienten, Schülern, Klienten in sein Tun einfließen lassen. Er darf nicht seine seelische Befindlichkeiten an den anderen Menschen auslassen. Aber der andere Mensch muss in dem Amtsträger einem Ich-Wesen begegnen und nicht dem Amt allein. Das Ich lebt im Rhythmus von Hingabe und Zu-sich-Kommen. An die Berufsaufgabe geben wir uns hin, unser Ich-Wesen lebt in dieser Hingabe, ja es ist gerade darin anwesend. Die andere Bewegung ist nicht, »sich gehen lassen«, sondern »zu sich kommen«. Aus dem »Bei-sich-Sein« kann eine neue Hingabe hervorgehen.

Wenn der Mensch nicht der Krankheit unserer Zeit verfallen will, der Spaltung in allen Bereichen des Lebens, dann darf er sich selbst auch nicht spalten in Amtsmensch und Privatmensch. Er muss sich einlassen, sich hereinlassen in die jeweilige Situation, ob beruflich, familiär oder ferienmäßig, sich hineingeben und dann, von dem Erlebten, Erkannten beeindruckt, zu sich kommen und es auf sich wirken lassen. Dann ist, bleibt und wird er von Mal zu Mal er selbst, mit sich identisch. Und in dem »Zwischenraum« dieses Rhythmus kann der Engel wirksam werden. Dann lernt nicht nur das Kind vom Lehrer, sondern der Lehrer vom Kind, der Arzt vom Patienten, der Priester von dem Beichtenden. Das sogenannte Privatleben atmet auch in diesem Rhythmus und lässt das Wirken der Engel zu, auch dann oder gerade dann, wenn es durch Krisen führt. Denn Engel sind keine Krisenverhüter, sondern wollen gerade in Krisen deutlicher erlebt werden. Wenn wir allein nicht mehr weiterwissen, geben sie uns Winke, spenden uns Kraft, trösten oder mahnen uns.

»Was sagt mir das?«

Die Natur als Sprache des Geistes

Wer die Engelwelt in sein Leben einbeziehen will, muss lernen, sich von Begebenheiten etwas sagen zu lassen. Das kann man zunächst einmal gegenüber den Naturwesen üben, besonders gegenüber den Pflanzen. Wer z.b. das Gänseblümchen genau anschaut, es durch den Tages- und Jahreslauf begleitet, kann sich viel von ihm sagen lassen: Es bricht sehr früh im Jahr aus der Erde hervor, bildet einen langen Stängel und lässt seine Blattrosette auf dem Erdboden zurück. Seine Blüte ist eine kleine gelbe Sonne mit strahlenförmigen weißen Blütenblättern. Diese Blüte öffnet sich beim ersten Sonnenstrahl, der sie trifft, und schließt sich, wenn die Sonne verschwindet. Während des Tages dreht es seine Blüte mit dem Gang der Sonne. Im späten Herbst, wenn alle anderen Blumen verschwunden sind, sieht man die kleine weiße Blüte vereinzelt noch auf der Wiese, wie ein Lichtbote im Novembergrau. Der Mensch kann dieses Blümchen durch seine Hinwendung und genaue Beobachtung in sich zum Sprechen bringen. Es ist ein Wort aus der Schöpfungsgeschichte Gottes und sagt: Die große Sonne weckt in mir Sonnenhaftes. Meine Blüte bleibt der Sonne verbunden, geht mit ihr durch den Tag, durch das Jahr und schließt sich, wenn die Sonne verschwindet und anderen scheint. Sobald sie wieder kommt, öffne ich mich ihr. Wenn ich mich schließe, weil sie nicht mehr auf mich strahlt, bewahre ich ihre Kraft in mir, um immer neue Blüten zu bilden. Nur kurze Zeit im Winter ziehe ich mich in die Erde zurück. Dort arbeitet die Sonnenkraft unsichtbar an mir, gestaltet mich neu nach ihrem Bild, das ich dann in der sichtbaren Welt wieder zur Erscheinung bringe.

Wer so das himmlische Wesen der Pflanze aus seiner irdischen Gestalt in sich sprechen lässt, fühlt, dass in ihm selbst eine Verwandtschaft zu dieser kleinen Blume besteht. Aber er muss sie erst wahr machen. Er muss seine Geistessonne finden. Ihr Licht ist Erkenntnis, ihre Wärme ist Liebe, und beides wirkt im schöpferischen Tun des Menschen. Erkennen, lieben und erzeugen sind die Kräfte der Christussonne, die in jeder Menschenseele ihr Abbild schafft, das Christus verwandte Menschen-Ich, das jedes Mal erblüht, wenn der Mensch mit sich identisch ist, und das durch den Tag und das Jahr erhalten bleibt, auch dann, wenn er sich dem Göttlichen ferne fühlt und sich vor der Umwelt verschließt. So hat jede Pflanze uns etwas zu sagen im Sinne des Schiller-Wortes:»Suchst du das Höchste, das Größte, die Pflanze kann es dich lehren, was sie willenlos ist, sei du es wollend.« Denn schon durch die sichtbaren Pflanzen sprechen unsichtbare Wesen zu uns, können wir uns üben, die sichtbare Welt als Sprache des Übersinnlichen in uns zu vernehmen.

Engelsbotschaft durch Naturerscheinungen

Dann kann es auch manchmal geschehen, dass die Natur in ganz persönliche Situationen hineinspricht. Sie wird zum Träger einer Engelsbotschaft.

Ich wurde zu einem an Krebs erkrankten jungen Mann gerufen, der um sein Leben rang und doch ahnte, dass er dem Tod entgegen ging. In solchen Schicksalen ist es immer sehr schwer, den rechten Augenblick für das Sterbesakrament zu finden. Der Mensch muss bereit dafür sein, muss selber fühlen, dass er sich an der Schwelle befindet. Es sollte nicht zu früh geschehen und sollte auch nicht versäumt werden. Mit solchen fragenden Gedanken fuhr ich aus der Stadt über weite Felder und Wiesen zu dem Kranken. Da sah ich am Himmel ein Wolkengebilde, das dem Profil eines Menschen glich, ja sogar ein wenig an das Gesicht des Kranken erinnerte. Der Mund war etwas geöffnet, und aus ihm stieg ein zartes Wölkchen hervor, elfengleich. Da wusste ich, dass der junge Mann bald seine Seele aushauchen würde. Als ich zu ihm kam, war er vollkommen bereit, das Sakrament zu empfangen. Wenige Stunden später starb er.

Natur und Kunst

Um zu verstehen, was uns durch ein Naturgeschehen in einer bestimmten Situation gesagt werden will, bedarf es eines schöpferischen Tuns, einer Art Übersetzung des Bildes in das konkrete Menschenleben. Das lässt sich an den Pflanzenbeispielen üben. Sie zeigen uns Urbilder für die Menschenseele und ihre Regungen. Wer daran erwacht ist für alles Sprechende in der Welt, dem kann auch viel mehr mitgeteilt werden, als einem Menschen, der sich diesem Sprechen verschließt, entweder weil er zu dumpf und seelisch unbeweglich ist oder weil er solche Äußerungen für Zufall, Einbildung oder gar nicht existent hält. Er lässt sich nicht darauf ein, lässt die unsichtbaren Boten, die durch die Natur zu ihm sprechen wollen, nicht zu sich herein. Wer ihnen aber Einlass gewährt, wird auch Einlass bekommen in die Sprache, die ihm vorher verschlossen war, in die Sprache des göttlichen Wortes, das immer zugleich persönlich und allgemein menschlich ist.

Das hat der Maler Alexey Jawlenski ins Bild gebracht mit seinen »Meditationen«. Auf einige Striche und Farben reduziert, stellen sie zugleich ein Fenster mit einem Fensterkreuz dar und ein menschliches Antlitz. Jawlenski hat bei jedem Bild an einen bestimmten, individuellen Menschen gedacht. Und der Schauende blickt in das Antlitz Christi. Das Antlitz jedes Menschen wird zu Seinem Antlitz und wird zu einem Fenster in die Menschen-Christuswelt.

Wenn die Kunst zu uns spricht, wird die Sinnenwelt ins Übersinnliche erhoben. Wenn die Natur zu uns spricht, wird die übersinnliche Welt im Sinnlichen anschaubar.

Christuskopf, Alexey Jawlenski zugeschrieben

Das Seelenleben als Sprache der Engel

Es kann auch das Seelenleben des Menschen zur Sprache der Engel werden. So dachte ich eines morgens: Wenn ich heute Nachmittag im Süden der Stadt eine Bekannte aufsuche, könnte ich ja hinterher einen jungen Mann besuchen, der in der Gegend wohnt und geäußert hatte, er wolle einmal mit mir sprechen. Ich klingelte, aber niemand öffnete. Dabei hörte ich drinnen Geräusche. Ich ging zu meinem Auto und saß noch eine Weile nachdenklich, schaute mir auf dem Stadtplan den besten Weg nach Hause an. Da klopfte jemand an das Wagenfenster. Der Vater des jungen Mannes, den ich besuchen wollte, stand vor mir. Er war verzweifelt. Seine Frau wolle sich das Leben nehmen. Er sei zum Telefonhäuschen gelaufen, um einen Arzt zu rufen, habe aber keinen erreicht.»Sie hat der Himmel geschickt«, sagte er.»Sie können uns sicher helfen. Unser Sohn wohnt schon lange nicht mehr bei uns.« Ich ging mit in die Wohnung, und es gelang mir, die Depressive von ihrem Vorhaben für immer zu befreien. Ich fühlte mich als Werkzeug des Engels, der diese Hilfe an der Frau vollbracht hatte. Mein Verdienst war nur, dass ich mich auf die Fügung eingelassen hatte und auf den nicht ganz erklärbaren Impuls, den Sohn der Kranken zu besuchen.

Das Gefühl als Wahrnehmungsorgan

Wie kann man Seelenregungen, die von Engeln verursacht werden, unterscheiden von nur menschlichen Seelenregungen? Daran, dass der Mensch nichts für sich selbst erreichen will. Er tut etwas, meistens aus einer plötzlichen Eingebung, ohne viel gedankliche oder vernunftgemäße Prüfung.

In der Zeit, in der Russland noch kommunistisch war und jeder Einreisende streng geprüft und das Gepäck untersucht wurde nach verbotenen, das Regime gefährdenden Dingen, trug ich für meine russischen Freunde verbotene Literatur und religiöse Gegenstände, z.B. ein Rauchfass und ein Christusbild, in meinem

Gepäck. Bei der Zollkontrolle gab es vier Schlangen. Wo sollte ich mich anstellen? Ich sah, wie jeder Koffer bis auf den Grund untersucht wurde, Stück für Stück herausgenommen wurde. Es wurde mir sehr bange bei der Aussicht, dass in meinem Koffer der verbotene Inhalt entdeckt werden würde. Ich entschied mich, hinter einem Herrn anzustehen, der sehr gutmütig und sympathisch aussah. Als dieser schließlich vor mir drankam, stellte sich heraus, dass er zur Bärenjagd im Ural unterwegs war. Er hatte mehrere Gewehre mit Waffenschein und Erlaubnis dabei. Der Zollbeamte war so fasziniert von den Gewehren, dass er die anderen rief, ob sie sich das nicht anschauen wollten. Sie kamen und amüsierten sich königlich. Darüber verging so viel Zeit, dass er der Nächsten, die so um ihr verbotenes Gepäck bangte, winkte, sie solle unkontrolliert durch die Sperre gehen. Ich erlebte das als Engelsführung. Ähnlich ging es einer Frau, die einen Koffer voll mit homöopathischer Medizin durch den Zoll bringen wollte.

Wer nicht aus Eigennutz handelt, sondern für andere etwas riskiert, dem wird geholfen, oft auf sehr ungewöhnliche Weise, wenn er seinem wahren Gefühl vertraut. Das Gefühl kann Wahrnehmungsorgan für Übersinnliches, für Engelführung werden, so wie auch manche Träume zu Botschaften werden können. Das Gefühl ist dem Traumbewusstsein verwandt. Wir können es ins Wachbewusstsein heben, und dann kann es uns etwas sagen. So können durch das Gefühl und durch Träume nicht nur Engel, sondern auch Verstorbene und auch Elementarwesen zu uns sprechen, für uns erlebbar werden.

Gespräch mit einer Verstorbenen im Traum

Das früh verstorbene Mädchen, von dem im ersten Kapitel die Rede war, teilte ihre Not durch einen Traum mit. Ich saß im Traum auf einer Bank vor einer großen Kathedrale. Drinnen war gerade ein Konzert zu Ende gegangen. Viele junge Menschen strömten aus der Kirche. Da lösten sich zwei aus dem Menschenstrom und kamen zu mir. Die eine war dieses Mädchen, das ich gut gekannt hatte und gern hatte, das andere kannte ich nicht. Das verstorbene Mädchen begann zu sprechen mit den Worten: »Ich hab' mal eine Frage«. Mit diesem Satz hatte sie auf Erden oft ein Gespräch begonnen. Dann fuhr sie fort: »Was muss ich denn tun, damit die anderen merken, wenn ich mit ihnen sprechen will?« Ich wusste keine Antwort. Ich wollte so gerne dem Mädchen helfen und wusste selber keinen Rat. Darüber wachte ich auf. Es war mir, als warte das Mädchen immer noch auf meine Antwort. Ich fühlte ihre Anwesenheit. In meiner Not, nicht antworten zu können, betete ich ein Vaterunser. Da löste sich die Spannung, und in der Seele vernahm ich ein zartes »Danke«. Das Gefühl der Anwesenheit verschwand.

Später erzählte ich der Mutter der Verstorbenen den Traum und erwähnte auch das andere Mädchen und welches Kleid es getragen habe. Die Mutter erzählte, dass kurze Zeit vor dem Tod ihrer Tochter ihre beste Freundin gestorben sei, die tatsächlich ein solches Kleid getragen habe. Die beiden hätten oft in einer alten Kirche zusammen musiziert, Orgel und Flöte. Die Botschaft, die ich aus diesem Wahrtraum mitnahm, war, wie die Verstorbenen, besonders wenn sie jung waren, sich sehnen, mit Erdenmenschen verbunden zu bleiben, wie Gebete ihnen wohl tun. Natürlich ist nicht jeder Traum eine Botschaft aus höheren Welten. Wenn es aber der Fall ist, weiß es der Träumende genau.

Botschaften im Traum

Ein Vater, dessen Frau ein Kind erwartete, bat um ein Gespräch. Er erzählte, er habe kurz vor dem Erwachen dreimal den gleichen Traum gehabt:

Er sei in einer Kathedrale gewesen, in der ihm von oben her der Name *Iwan* zugerufen worden sei, mehrmals tönend: *Iwan*. Ob er denn sein Kind so nennen müsse? Er sei im Krieg gewesen, und da hätten sie den Russen, den Feind Iwan genannt. Ich sagte ihm, dass Iwan auf Deutsch Johannes heiße und dass der Name auf Russisch Iw*a*n, also mit der Betonung auf dem a gesprochen würde. Außerdem könne er ja noch einen zweiten Namen dazu nehmen, der ja eventuell der Rufname werden könnte. Er möge den Traumnamen doch noch einmal bedenken. Der Sohn wurde geboren, und bei der Vorbereitung auf die Taufe teilte mir der Vater mit, das Kind solle Iwan Sebastian heißen. Der Vater war Musiker. Als ich den Namen hörte, sagte ich: »Jetzt heißt er wie der große Meister: Johann Sebastian Bach.« Das hatte er noch gar nicht bemerkt. Er strahlte wie befreit und dankbar für diese Fügung. Der heranwachsende Junge konnte sich voll und ganz mit diesem Namen identifizieren.

Freundin der Elementarwesen

Es gibt Menschen, die können Elementarwesen sehen, natürlich nicht mit den äußeren Augen, sondern in einem inneren bildhaften Sinne. Das kann man z.b. bei Marco Pogacnik und anderen nachlesen. Es gibt auch Menschen, die können sie durch das wahrnehmende Gefühl in sich zum Sprechen bringen oder auch stumm erleben.

Als eine Freundin der Elementarwesen fühlte ich mich, nachdem ich in den finnischen Wäldern ein besonderes Erlebnis gehabt hatte. Ich wanderte dort weglos im Norden Finnlands in Karelien mit einem Freund durch weites Waldgebiet. Ich wunderte mich, dass wir noch keinen Vogelsang vernommen hatten. Wir kamen an eine Lichtung, die uns vorkam wie ein Ort, von dem viel Kraft ausströmte. Hier ließen wir uns nieder. Plötzlich begann, als hätte ein unsichtbarer Dirigent den Einsatz gegeben, ein vielstimmiger Vogelsang. Er wurde gesteigert durch den Wind, der durch die Bäume strich wie ein Harfenspieler auf seinem Instrument. Der Schrei eines Eichelhähers brachte die Wendung. Langsam gingen Vogelsang und Windesrauschen zurück, um durch einen neuen Einsatz des unsichtbaren Dirigenten einen zarten Satz der Wald-Symphonie ertönen zu lassen. Jetzt setzte eine Stimme nach der anderen ein, bis sie zuletzt wieder zu einem Chor anschwollen und langsam verebbten. Sollte das die Antwort auf meine Frage nach den Singvögeln sein oder ein Empfang an diesem Ort, wo wahrscheinlich noch nie ein Mensch gewesen war? Die finnischen Wälder sind so groß, dass jedes Jahr darin einige Menschen verloren gehen. Auch ist das Christentum im Norden Finnlands noch sehr jung, und christliche Kultur ist noch nicht überall bis in die Natur vorgedrungen. Als das Waldkonzert beendet war, warteten wir, was nun wohl kommen würde. Da war es mir, als zögen Scharen von unsichtbaren Wesen heran, Waldbewohner aus Erde, Wasser, Luft und Licht, ganz besonders aber die Gnome, die Erd-Gesteins- und Wurzelpfleger. Es war mir, als suchten sie Christliches, Christussphäre, den »Herrn der Elemente«, wie er im keltischen Christentum genannt wurde. Hier war er ihnen noch durch keinen Menschen nahe gebracht worden. Ich zog ein kleines Neues Testament aus der Tasche. Das hatte ich im Urlaub immer bei mir. Ich schlug das dritte Kapitel aus dem Johannes-Evangelium auf, wo von dem Wind die Rede ist, der weht, wo er will. Man hört sein Rauschen und weiß nicht, woher er kommt und wohin er geht. Es ist das Gespräch, das Christus mit Nikodemus führt. Ich las das ganze Kapitel laut vor. Als ich geendet hatte, ließen wir es noch eine Weile nachklingen. Da wurde mein Blick auf eine Fülle von Waldbeeren gelenkt, die ich vorher nicht gesehen hatte. Wir blieben noch sitzen, bis uns wie ein leises Wort ein »Danke« zukam. Dann löste sich diese geheimnisvolle Verdichtung wieder auf. Die Wesen verließen den Ort, außer denen, die immer dort leben. Die Beeren nahmen wir als Dankgeschenk entgegen.

Das erste Mal war bei mir das fühlende Wahrnehmen erwacht, als ich ein paar Wochen im Engadin weilte. Die gewaltigen Bergriesen aus Urgestein, z.T. mit ewigem Schnee bedeckt, das blendend weiße Licht, das dem Licht in Griechenland gleicht, die Seen und rieselnden Bäche und Flüsse, die intensiven Farben der Bergblumen, ihre würzigen Düfte und das Wolkenspiel, das alles öffnete meine Seele für neue Erfahrungen. Ich nahm mir vor, die verschiedenen Wasser genau zu beobachten. So gab ich mich dem Anblick eines Flusslaufs hin und dann dem eines Sees. Im Fluss fließt ständig neues Wasser über dieselben Hindernisse. Dort entstehen Wirbel und Wellenspiele, immer die gleichen und doch mit anderem Wasser. Im See ruht das immer gleiche Wasser, aber der Wind streicht darüber hin und bildet im selben Wasser verschiedene Wellenformen. In der Hingabe an diese verschiedenen Erscheinungsformen des Wassers erwachte mein Fühlen, und ich bemerkte, dass es dort, wo der Wind das Wasser berührte, dort, wo das Wasser einen Stein überspülte, eine Wurzel umfloss, ans Ufer plätscherte und auch dort, wo das Licht im Wasser glitzerte und silbrig darauf spielte, kurz überall, wo zwei Elemente zusammentrafen, »wesenhaft« war, dicht, luftig, launisch. Es war dort ein ständiges Werden und Vergehen, ein Verdichten und Auflösen, ein Ernst und ein Spiel. Ich wurde einer neuen Realität gewahr, die für mich immer mehr zur Gewissheit wurde, auch wenn ich nur selten darüber zu jemandem sprechen konnte, denn ich »sah« diese Wesen ja nicht. Von da an konnte ich an vielen anderen Orten der Erde, nicht an allen, diese Wahrnehmung herstellen. Ich lernte auch, mit den Wesen zu sprechen, und erfuhr manchmal eine Art Antwort darauf.

Ich war z.B. einmal in wildem Regensturm mit einem Freund auf einen grünen Hügel in Irland querfeldein gegangen. Oben trennten wir uns. Er wollte noch weiter wandern, ich ging zum Auto zurück. Unterwegs merkte ich, dass meine Autoschlüssel aus dem flatternden Regencape herausgeflogen waren und irgendwo auf diesem weiten Hang im peitschenden Unwetter liegen mussten. Ich rief den jungen Mann zurück, dass er mir beim Suchen helfe, obwohl die Situation eigentlich aussichtslos war. Wie sollte ich in Heidekraut, Steingeröll, Gras und Gebüsch, umtobt von Sturm und Regen, einen kleinen Schlüssel finden? Meine Brille war beschlagen, sodass ich kaum etwas sah. Ich ließ den Freund sehen und sprach selber, wie ich es aus den Volksmärchen wusste, einen selbst gemachten Reim für die Gnome: »Richtet unsere Blicke, lenket unsere Schritte.« Das sprach ich viele Male mit großer Überzeugung. Da rief der Freund: »Ich glaub', ich hab's.« Und wirklich, auf einer kleinen Steinplatte lag der Schlüssel. Abends gingen wir noch einmal an diesen Ort und bedankten uns bei den unsichtbaren Helfern. Das gegenseitige Danken ist immer sehr wichtig, wenn die Beziehung weiter bestehen soll. Elementarwesen gehören zwar einer ganz anderen Sphäre an als die Engel, aber die Engel können durch Naturwesen den Menschen, die dafür offen sind, Botschaften zukommen lassen.

Das Wetter als Botschaft

Besonders gerne sprechen sie durch Wetterwesen zu Menschen. Dass das Wetter sehr labil und oft unberechenbar ist, merken wir jedes Mal, wenn die Wettervorhersage der Meteorologen mit der dann eintretenden Wirklichkeit nicht übereinstimmt. Es gibt physische und überphysische Einflüsse darauf. Wenn Menschen in ihr Tun die Engel einbeziehen, sprechen diese oft durch Wettererscheinungen zu ihnen.

So geschah es mir, als ich eine Staroperation vor mir hatte. In meinem Zimmer hing ein Bild, das den Engel Raphael darstellt, den Engel der Heilkräfte, der den jungen Tobias auf seinen Wegen begleitet. Auf des Engels Geheiß fängt er einen Fisch, mit dessen Leber, Herz und Nieren er seine zukünftige Frau von einem Dämon befreit und seinen Vater von seiner Blindheit heilt. Am Morgen vor der Operation, nachdem ich mein Morgengebet vollzogen hatte, fiel mein Blick auf dieses Bild. Da fiel in das dunkle Zimmer ein Sonnenstrahl direkt auf das Bild und nur auf dieses. Ich wunderte mich, denn die Morgensonne kann gar nicht in das Zimmer scheinen. Da sah ich, dass ein offenes Fenster am gegenüberliegenden Haus die Sonne reflektierte und maßgerecht allein dieses Bild beleuchtete. Ich nahm es als Sprache der Engel, die mir sagen wollten, auch deine schwachen Augen werden, wie die Augen des alten Tobias, wieder sehend werden. Voller Vertrauen ging ich in die beiden Operationen, und die Botschaft ging in Erfüllung.

Engel sprechen durch Vögel

Ein anderes Mal wurden Vögel die Sprache der Engel. Ein bedeutender Heilpädagoge starb unerwartet auf einer Vortragsreise in Deutschland. Er lebte in England, aber seine lehrende Tätigkeit erstreckte sich über die ganze Welt. An vielen Orten begleitete er die Gründung neuer, heilpädagogischer Heime. Sein Name war Alex Baum. Er starb im Dezember. Draußen lag Schnee, und die Natur hatte sich winterlich zurückgezogen. Innerhalb der Totenmesse hielt ich eine Ansprache. Ich nahm den Namen des Verstorbenen als Bild für sein Wesen. Er sei wie ein großer Baum gewesen, der sein Geäst über ganz Europa ausgebreitet habe. Viele Vögel hätten in diesem Baum ihre Nester gebaut, Schutz, Nahrung, Hilfe und Verstehen darin erfahren. Als ich von dem Baum und den Vögeln sprach, ertönte draußen im Garten ein vielstimmiges Vogelgezwitscher. Mit meinem Amen hörte es wieder auf. Die ganze große Teilnehmerschar hatte es gehört und fühlte es wie eine Bestätigung dessen, was ich über diese Persönlichkeit ausgesprochen hatte.

Schicksal als Sprache der Engel

Je mehr ein Mensch solche »Zufälle« bemerkt, sie ernst nimmt und sich etwas von ihnen sagen lässt, umso mehr werden sie ihm auch im Laufe seines Lebens zuteil. Denn die Engel sind darauf angewiesen, dass die Menschen sie in ihrem Bewusstsein oder ihrem Fühlen und Handeln zulassen. Sie achten die menschliche Freiheit über alles. Es gibt noch einen großen Bereich, in dem die Engelsprache gehört werden kann. Das ist das menschliche Schicksal selbst. Alles könnte da zu uns sprechen, könnten wir als Ausdruck der Engel verstehen. Manchmal geschehen besondere Dinge, damit wir für diese Sprache erwachen. Oder das Besondere erreicht uns gerade dann, wenn wir schon geübt haben, uns davon ansprechen zu lassen. Dann gibt es für einen Menschen keine Zufälle mehr und das Sprechen des Schicksals wird immer deutlicher. So kann es auch von der Engelseite immer mehr zu deren Sprache werden.

Ein Waldorflehrer sprach in einer Jugendgruppe über den Jahreslauf im Botanischen Garten. Für jeden Monat zeigte er einige charakteristische Dias, die er gemacht hatte. Für den November zeigte er eine Sirrfliege, die mit ihren langen rötlichen Beinen an einem Halm hing und ganz langsam starb. Er zeigte an die fünfzehn Bilder, um deutlich zu machen, wie lange dieses Insektentier braucht, bis es endlich gestorben ist. Mich durchfuhr dabei plötzlich der Gedanke: Er spricht von seinem eigenen Tod. Ein halbes Jahr später bekam er einen Schlaganfall, verlor die Sprache, war halbseitig gelähmt und lebte in diesem Zustand noch sieben Jahre. Ich erinnerte ihn an die Sirrfliege, und er nickte heftig zur Bestätigung meines Gedankens mit dem Kopf.

Ein andermal sprach das Schicksal so: Ein Zwölfjähriger hatte Streit mit seiner Mutter und stürmte wütend mit dem Fahrrad davon. Kurz danach hörte die Mutter ihn von der Straße aus nach oben zu ihr rufen. Sie öffnete das Fenster. Er winkte ihr und sagte herzlich ein »Auf Wiedersehen«. Wenige Minuten später hatte er mit dem Rad einen Unfall und kam nicht mehr zum Bewusstsein. Nach zehn Tagen starb er.

Nicht nur im Hinblick auf den Tod, auch im Leben und für das Leben kann Sprache des Schicksals wirksam werden. Ich erzählte viele Jahre lang in öffentlichen Lokalen Märchen und Geschichten. Darunter waren solche, die ich Sterntorgeschichten nannte. Da ließ ich die 12 Jünger durch eines der 12 Sterntore kommen, jeden mit einem besonderen Impuls, der seinem Sterntorwesen entsprach. Viele Jahre später meldete sich ein junger Mann bei mir und sagte, er habe damals die »Stier-Geschichte« gehört und habe sich nicht getraut, weiter zu fragen, weil sein Freund das alles für Unsinn hielt. Aber der Gedanke an diese Geschichte habe ihn bis heute begleitet. Nun wolle er mit mir darüber sprechen, wie er diesen Impuls ins Leben bringen könne, denn er sei ein Stier-Geborener. Heute ist er Arzt und trägt die durch Rudolf Steiner erweiterte Heilkunst auch in die Länder des Ostens.

Was sagen uns Engel durch Unglück und Schmerz?

Am schwersten ist es für uns Menschen, dass auch Schmerzen und Unglück uns etwas sagen wollen. Wer diese Sprache zu verstehen lernt, der kann allen Situationen nachträglich etwas abgewinnen, das ihn sich selbst und den Engelwelten nahe bringt. Wer sich von Leidenssituationen nichts sagen lassen will, wird immer wieder neu in solche geführt. Dann fühlt sich der Mensch vom Schicksal geschlagen und merkt nicht, wie er selber immer wieder das Schicksal zurückschlägt. Es gibt eine Erzählung von Leo Tolstoi: »Der Taufsohn«. Darin wird erzählt, wie der Taufsohn im Wald einmal zu einer Bärenfalle kommt. Über einem Honigtopf ist ein schwerer Holzklotz angebracht. Eine Bärin kommt mit ihren Jungen dorthin. Der Klotz stört sie, und sie stößt ihn mit der Tatze fort. Der schwingt zurück und erschlägt ein Junges. Voll Zorn schleudert die Bärin den Klotz wieder vom Honigtopf fort, und wieder wird ein Junges erschlagen. Das wiederholt sich, bis der Klotz zuletzt sie selber trifft.

Der Mensch muss lernen, die schweren Klötze, die über der Süße des Lebens hängen, einzubeziehen, sie nicht in Wut, Ärger, Aggression wegzustoßen. Wie viel Ehen und Lebensgemeinschaften möchten wohltuende Nahrung sein. Eines Tages wird der Klotz entdeckt, das Karma, das bewältigt werden muss, aber so, dass es nicht erschlägt, sondern neue Fähigkeiten aneinander und füreinander wachsen lässt.

Eine Ehe kam in eine schwere Krise. Da erkrankte der Mann an einer unheilbaren Krankheit. Die beiden erfuhren, dass er nur noch wenige Jahre zu leben habe. Sie ergriffen ihre Gemeinsamkeit noch einmal ganz neu und gestalteten seine letzten Lebensjahre zu einem biographischen Kunstwerk. Solange er die Kraft dazu hatte, lasen sie Bücher über Lebensthemen und sprachen darüber, hörten Musik, schauten Bilder an, beschäftigten sich mit der Natur. Das alles taten sie, um eine Liebe zu den Erdentatsachen zu pflegen, die über den Tod hinausreicht. Daran erstand ihre Liebe füreinander wieder neu. So konnte sie auch die schwere Pflege am Ende seiner Tage aus Liebe selbst bewältigen.

In eine andere Ehe war ein dritter Mensch eingedrungen. Die Frau hatte schon immer voller Angst und Eifersucht über ihrem Mann gewacht, dass er ihr nicht verloren gehe. Nun drohte doch die Scheidung. Sie war verzweifelt. Ihre Gefühle überwältigten sie immer mehr, sodass sie für ihren Mann immer unerträglicher wurde. Da machte ich sie darauf aufmerksam, ob sie sich schon einmal gefragt habe, was ihr das sagen wolle? Auf so einen Gedanken war sie noch nie gekommen. Sie begann mit mir darüber ins Gespräch zu kommen. Sie entdeckte, dass sie ihren Mann wie ein Eigentum hatte besitzen wollen. Aus diesem Käfig hatte er sich nun befreit. Dann erkannte sie, dass es viele Beziehungen zu anderen Menschen geben muss. Man hat ja in vergangenen Erdenleben mit vielen zu tun gehabt. Karmische Aufgaben wollen bewältigt werden. Und doch fühlte sie genau, dass zwischen ihr und ihrem Mann durch die Jahre ein ganz Eigenes, Einmaliges entstanden war, der Geist ihrer Ehegemeinschaft. Durch solche Gedanken beruhigten sich ihre aufgeregten Gefühle. Sie schrieb alles auf, um es ihm vielleicht eines Tages zu geben. Sie versuchte täglich, ihn innerlich loszulassen, aber zugleich sich mit diesem objektiven Ehegeist zu verbinden, der ja auch bei ihr war – das fühlte sie –, wenn der Mann nicht bei ihr war und der ein karmisches Band gewoben hatte, das in irgendeiner Weise weiter wirkte, weil es noch nicht abgeschlossen war. So entstand in ihr ein Vertrauen zu ihrem Eheengel. Er hatte sie wohl durch diese schwere Zeit zu neuen inneren Erfahrungen führen wollen.

Zu dem Mann sagte ich, dass die meisten Ehen nur deshalb zerbrechen, weil die Menschen sich nicht auf Prozesse einlassen. Eine Ehe muss auch durch Sterbeprozesse gehen können. Nur dann gibt es Entwicklungen, gibt es Auferstehung. Nimm den Tod an, aber nicht durch Flucht, sondern durch Vertrauen in euer beider Gemeinsamkeit. Der Mann konnte mit diesen Worten nicht gleich etwas anfangen. Die neue Beziehung war so reich und leicht. Doch nach einiger Zeit kündigte sich auch in ihr eine Krise an. Viele Probleme kannte er schon aus seiner Ehe. Nun kamen sie in verwandter Form wieder. Was sollte ihm das sagen? Sollte er, wie ich es geraten hatte, lernen, sich auf Sterbeprozesse einzulassen? Plötzlich sah er seine Frau innerlich so, wie er sie gesehen hatte, als er sie noch liebte. Das war etwas, das nicht dem Tod unterlag. Er fühlte ganz neu diese Liebe. Er ging zu ihr und erzählte ihr davon, und sie erzählte ihm, was sie inzwischen erfahren und aufgeschrieben hatte. Da merkten sie, dass ihnen geholfen worden war, durch den Tod ihrer Ehe die Auferstehung ihrer Ehe zu erleben. Der Engel ihrer Gemeinschaft wurde von beiden ernst genommen. Die Frau hatte Eifersucht und Besitzanspruch überwunden. Der Mann gab der anderen Beziehung eine andere Form. Die beiden Frauen freundeten sich an, und die Krise wurde im Nachhinein für alle drei zu einer deutlichen Sprache der Engel.

Auch der Tod eines geliebten Menschen, selbst wenn er noch jung war und sein Hingang eine tiefe Lücke hinterlässt, will als Sprache verstanden sein. Eine junge Malerin und Fotografin gebar ihr erstes Kind. Nach zehn Tagen bekam sie furchtbare Krämpfe und lebensbedrohliche Zustände. Der Chefarzt der Klinik war ratlos. Er rief einen Rat zusammen von Fachärzten höchsten Ranges. Sie konnten nicht herausfinden, was die Ursache dieser Zustände war. Die Frau starb ihnen dahin. Es wurde eine Obduktion gemacht und festgestellt, dass Darmverschluss die Ursache war. Das tritt sehr oft nach einer Geburt ein, und man kann es sofort mit einer Operation beheben. Auf das Nächstliegende war der versierte Ärztestab nicht gekommen. Wie vernagelt waren sie gewesen, ihnen selbst unbegreiflich. Die Eltern verzichteten auf jeden Vorwurf, denn sie sahen an dem künstlerischen Werk, das ihre Tochter hinterließ, dass da eine Vollendung eingetreten war und dass ihre junge Tochter ein abgeschlossenes Leben gelebt hatte. Das Kind gedieh gut beim Vater und später bei einer neuen Mutter. Die Sprache des Schicksals war von allen angenommen worden.

Zwischen Dir und Mir

Dämonen und Engel in unseren Gesprächen

Wir haben vom Engel der Gemeinschaft gesprochen, der zwischen den Menschen wirksam ist, z.B. der Ehe-Engel. Er bleibt durch lange Zeit, solange die Gemeinschaft besteht, durch Höhen und Tiefen mit ihr verbunden. Es ist aber jedes Mal, wenn Menschen intensiv miteinander zu tun haben, auch wenn es nur kurz und vorübergehend ist, ein geistiges Wesen zwischen ihnen, ein helles oder ein dunkles. Das dunkle bringt die Menschen in Zwänge. Das helle bringt sie in ein Hinauswachsen über sich selbst. Jeder kennt es wohl, dass Menschen, wenn sie einander begegnen, immer in das gleiche Muster geraten, auf den anderen zu reagieren. Es gibt Reizworte, bei denen der andere heftig reagiert. Statt ein solches Wort zu meiden oder, auf der anderen Seite, statt dabei einmal willentlich gelassen zu bleiben, rutscht es zu seinem eigenen Ärger dem einen wieder unkontrolliert heraus, und der andere reagiert wie üblich. Das sind wirklich Zwangsdämonen, die schwer loszuwerden sind. Am besten hilft, sie als solche wirklich zu durchschauen, sich den Zwang darin bewusst zu machen, der einen Menschen oft bis in die Nacht hinein verfolgt und ihn am Schlafen hindert. So geht es auch mit erregten Gedanken und Gefühlen, mit Zorn, Ärger, Machtlosigkeit gegenüber einer Situation. Sie kreiseln in der Seele in immer gleichen Wendungen. Da hilft nur ein Erkennen der Situation. Es hat sich etwas verselbstständigt zwischen den Betroffenen und übt jetzt seine Macht auf sie aus. Erst wenn man sie selber in eine feste Form bannt, müssen sie Ruhe geben. Am besten ist es, ein so geplagter Mensch steht in der Nacht, wo die Plage oft am schlimmsten ist, auf und schreibt alles der Reihe nach nieder, was er sonst nur konfus gedacht und gefühlt hat. Im Schreiben kann es sogar geschehen, dass ihm ganz neue, positive

Wendungen zu der Situation zukommen. Er sieht Seiten an dem Wesen des anderen, die ihm vorher durch seine Emotionen verdeckt waren. Es ist, wie wenn eine Last, ein Druck von ihm genommen worden sei. Er hat das Gefühl, etwas geschafft, einen Kampf vollbracht zu haben, alles, was zwischen ihnen war, in eine höhere Ordnung, eine Sicht von höherer Warte gebracht zu haben. Er kann wieder schlafen. Er kann dem anderen ohne geheime Ablehnung und Aggression begegnen. Durch seine eigene Aktivität ist das möglich geworden. Er hat die Ursache für seine sich im Kreis drehenden Gedanken und Gefühle aus sich herausgesetzt, sie durch Aufschreiben geordnet. Das kann auch durch ein bewusst und ehrlich geführtes Gespräch geschehen. Wenn das noch möglich ist, kann sich ein helfendes Wesen einstellen, hineinstellen in die Bemühung, in das seelische Tun. Ein Geist der Versöhnung kann sich dann an der Stelle des unfrei machenden Geistes einfinden. Das kann er nur durch die Substanz einer ringenden Seele. In vielfältiger Weise wirken diese Wesen in allem, was sich im »Zwischen« abspielt. Das kann zwischen Menschen sein. Das kann auch im Schaffen und Erleben von Kunst oder Kultus sein, oder in der Hingabe an ein Wesen der Natur. Ein wirkliches Gespräch, ob zu zweit oder in einer Gruppe, ist von einem Engel durchdrungen, der zwischen den Teilnehmern lebt, sich in ihre Worte kleidet, die zwischen ihnen hin und hergehen. Man erkennt es daran, dass nicht nur der eine die Gedanken des anderen aufnimmt, bewegt und sich vielleicht zu Eigen macht, sondern daran, dass für alle Beteiligten Neues, von ihnen noch nie Gedachtes, Erlebtes, Bewegendes möglich wird. Einer spricht es aus, und den anderen ist es, als hätten sie es selbst ausgesprochen. Nach einem solchen Gespräch fühlen sich alle erhoben, in die Sphäre des Gemeinschaftswesens erhoben. Und was sie da empfangen haben, geht nicht verloren, sondern wirkt ins alltägliche Leben hinein.

Eine junge Frau erzählte, dass sie etwas aus einem solchen Gespräch in die Tat umgesetzt habe. Sie sei nachts spät durch einen langen Gang der U-Bahn-Unterführung gegangen und von einem Mann belästigt worden. Trotz ihrer abweisenden Haltung sei er nicht gewichen. Sie habe noch einen Heimweg durch menschenleere Straßen vor sich gehabt. Da sei ihr ein solches Gespräch eingefallen, in dem über die Kraft des Wortes gesprochen worden war, das, wenn es aus dem Zentrum des eigenen Wesens und nicht aus Angst gesprochen wird, böse Mächte verschwinden lässt, wie es von Jesus berichtet wird, der zu dem Versucher sprach: Weiche von mir. So schaute sie nun dem Mann, der in dieser Situation ein Werkzeug des Bösen war, ganz fest in die Augen und sagte laut und bestimmt: »Weiche von mir.« Da kehrte der Mann um und rannte im Laufschritt davon.

Engelswort im Schweigen

Auch Schweigen kann eine Form des Gesprächs sein, in dem sich zwischen den Schweigenden ein Schicksalswesen erlebbar macht.

Ich wurde im Urlaub krank. Ich konnte meine Reise nicht wie geplant fortsetzen an den Ort, an dem ich verweilen wollte. Der Arzt wurde gerufen. Er kam jeden Tag, um mich vom Fieber zu befreien, für das er keine Ursache fand. Es war in einem Land, wo Menschen noch Zeit füreinander haben. Obwohl wir beide aus verschiedenen Völkern kamen und Englisch nicht unsere Muttersprache war, die Verständigung durch die Sprache also sehr begrenzt war, entstanden Gespräche in der Sprache des Herzens. Beim letzten Arztbesuch schwiegen wir eine lange Zeit, und in dieses Schweigen trat ein Wesen ein, das die Begegnung segnete. Am nächsten Tag konnte ich weiterfahren. Der Sinn der Krankheit war erfüllt.

Unsichtbare Plastik

Joseph Beuys, der viel umstrittene Künstler, hat für seine Aktionen den Begriff »soziale Plastik« geprägt. Er wollte die Menschen anregen, durch seine Gebilde, die er schuf, in ein Gespräch, ein gemeinsames Sinn-Suchen, in ein Miteinander zu kommen. Für ihn war nicht die »Honigpumpe« oder der »Fettfleck« das Kunstwerk, sondern das, was dadurch zwischen den Menschen entstand, auch zwischen ihm und den Ausstellungsbesuchern. Er und alle Beschauer brachten anhand dessen, was sichtbar war, eine unsichtbare Plastik hervor, nämlich das, was zwischen ihnen unsichtbar gebildet wurde. In München kann man in der Lenbachgalerie einen Raum sehen, der von Beuys arrangiert wurde, ursprünglich auf der Dokumenta in Kassel. Er gehörte zu diesem Werk dazu. Er schuf jeden Tag der Ausstellung mit den Besuchern eine neue soziale Plastik. Heute lebt Beuys nicht mehr, und man kann die Frage haben: Was sollen ohne ihn diese Liege, dieser Medizintisch, diese Geräte an der Wand, dieses verstaubte Inventar des Raumes bedeuten? Beuys gab ihm den Namen: Zeige deine Wunde. Ich besuchte mit einem Freund diesen Raum. Ich fragte ihn, ob er damit etwas anfangen könne. Der antwortete: So wie damals Christus dem zweifelnden Thomas seine Wunde zeigte und er ihn dadurch vom Zweifel heilte, so spricht er heute zum Menschen: »Zeige deine Wunde«, nur dann kann dir geholfen werden, nur dann kannst du mich als Heilenden erfahren. Was da durch Beuys zwischen den beiden im Gespräch entstand, war soziale Plastik. Menschen gehören dazu. Ohne sie bleiben diese Requisiten unbenutzte Gegenstände.

Mit der Frage nach der unsichtbaren Plastik beschäftigte ich mich noch weiter. Ich nahm an der Menschenweihehandlung teil, wie sie in der Christengemeinschaft gefeiert wird. Da erlebte ich ganz deutlich und bewusst, wie alles Sichtbare, der Altar, die Kerzen, das Bild, der Kelch, der Priester mit Wort und Gebärde, dazu die anwesende Gemeinde Auslöser sind für das, was sich zwischen dem allen ereignet. Das Wesen-tliche, d.h. das Wesen des Geschehens ist das Unsichtbare zwischen dem Sichtbaren. Da entsteht die unsichtbare Plastik, in die ein geistiges Wesen einzieht und wirkt. Ich war sehr ergriffen von diesem Erlebnis und erzählte es dem Priester, der diese Weihehandlung vollzogen hatte. Der war tief betroffen von dieser Mitteilung, denn er hatte während der ganzen Feier die Anwesenheit von Joseph Beuys gespürt und konnte sich das bis dahin gar nicht erklären.

Was durch Beuys und sein Werk besonders deutlich geworden ist, gilt aber für jedes wahre Kunstwerk. Nicht das gibt einem Kunstwerk den Rang, dass es besonders naturgetreu oder besonders »schön« ist, dass es etwas Seelisches oder geistig Geschautes gut abbildet, sondern dass sich zwischen den dargestellten Figuren, Farben, Formen, Wesen etwas abspielt und so auch zwischen dem Beschauer und dem Werk. Es gibt Bilder, die auf den ersten Blick sehr ansprechend sind, schön anzusehen. Aber nach kurzer Zeit bewegt sich nichts mehr zwischen dem Betrachter und dem Bild. Es lebt nicht mit, bleibt immer gleich, spricht nicht mehr zu ihm jetzt und hier ganz gegenwärtig, ganz neu. Andere Bilder sind weniger schnell zugänglich. Man muss sich ihnen aussetzen, sie in sich zulassen, bis man ihr Geheimnis entdeckt, das sich zwischen dem Sichtbaren abspielt. Paul Klee sagte: »Kunst macht Unsichtbares sichtbar.« Heute kann man hinzufügen: »Zwischen dem Sichtbaren erscheint der Seele das Unsichtbare.« Oder: »Das Unsichtbare erscheint durch die Freiräume des Sichtbaren.« Der so genannte neue Kunstbegriff lässt sich auch auf alte Kunst anwenden, vorausgesetzt, dass der Beschauer sich wirklich Zeit nimmt, zu schauen und nicht nur mit dem Titel des Bildes und Namen des Künstlers zufrieden ist. Wer das versteht, für den können Bilder zu Mitbewohnern werden, mit denen er bei sich zu Hause immer wieder neue Gespräche führt.

Das Gleiche gilt natürlich für Dichtung und Musik. Kann man nicht die Erfahrung machen, dass man sie erst dann immer tiefer liebt, wenn man sie oft und oft erleben konnte?

»Zwischen-Erlebnisse« in der Natur

Ein anderes »Zwischen-Erlebnis« können wir Menschen in der Natur erfahren. Hier ist es oft umgekehrt wie bei der Kunst. Wir kommen an einen Ort in der Natur und sind unmittelbar von etwas ergriffen, das wir noch nicht erkennen.

54

Ich kam im Urlaub nach Irland. Sobald ich dort irgendwo mit der Natur allein sein konnte, hatte ich ein Heimatgefühl, wie sonst nirgendwo auf der Welt. Das Wesen der irischen Landschaft gab mir das Gefühl, das meine Seele als Heimat empfand, das Gefühl von Weite und dem Leben zwischen Himmel und Erde, zwischen allen Elementen, zwischen Wolken, Licht, Wind, wogendem Meer und den Farben der Erde: Grün, Grauviolett, Goldgelb. Dann sah ich zum ersten Mal aus dem Meer die Felsenkronen der Skellig Michael Inseln herausragen. Das war der Gruß, der mir vom Engel dieser Landschaft zugerufen wurde. Auf der einen Insel leben tausende der verschiedensten Vogelarten. Auf der anderen hatten vor mehr als tausend Jahren Mönche ein kleines Kloster errichtet mit bienenstockartigen Steinzellen, einem kleinen Friedhof und einem aus Schiefer gehauenen schlichten Kreuz in Menschengestalt. Das alles war dem Michael geweiht, der heute der Geist unserer Zeit ist. Doch das erkannte ich bei diesem ersten Anblick noch nicht. Ich fühlte mich nur aufgerufen, der Geistigkeit dieses Landes zu begegnen, wie man einem Menschen begegnen kann. Je öfter ich das tat – ich fuhr von da an viele Male dorthin –, umso stärker erlebte ich, dass zwischen mir und diesem Ort nicht, wie ich zunächst vermutete, uralte Geistigkeit aus dem keltischen Christentum zu mir sprach, sondern wie etwas Zukünftiges, ein Wesen michaelischer Geistigkeit mich inspirierte. So begann ich zu schreiben, erst für Kinder, später für Erwachsene. Es kamen mir Gedanken und Worte zu aus einem vollkommen gegenwärtigen Geist, der sowohl der Erde wie dem Kosmos, sowohl der Menschheit als Ganzes wie jedem einzelnen Menschen angehört.

Es kann aber auch das Erleben zwischen Mensch und Natur viel stiller, viel »natürlicher« sein. Ich entdeckte sehr spät in meinem Leben, dass ich beste Freunde sichtbar-unsichtbar ganz nahe von meiner Wohnung hatte. Natürlich wusste ich schon lange, dass es in meiner Stadt den viele Kilometer langen Englischen Garten gab. Aber nie hatte ich mir Zeit genommen, mich ihm mit Aufmerksamkeit zuzuwenden. Und wenn ich dort einmal spazieren gegangen war, dann mit Gästen, mit denen ich dann über alles Mögliche sprach, ohne mich dabei auf die Natur ringsum wirklich einzulassen. Eines Tages begab ich mich allein dorthin. Da war es mir, als würde ich von einem bestimmten Baum angesprochen. Es war Spätherbst und der Baum hatte sein Laub schon abgeworfen. Mit zwei großen Rindenwulsten schaute er mich an. Ich blieb stehen und bewunderte das kahle Geäst, das wie ein Geweih aus dem Stamm mit dem Gesicht herauswuchs. Lange ließ ich dieses Baumwesen auf mich wirken. Da floss auf einmal eine Welle von Liebe zwischen mir und dem Baum, ganz kurz nur. Aber das war der Anfang eines neuen Umgangs mit den Wesen, die unsichtbar zwischen der sichtbaren Natur und dem Menschen sich bemerkbar machen wollen. Von nun an ging ich so oft wie möglich in den Englischen Garten. Immer mehr Bäume sprachen mich an. Sie begleiteten mich durch alle Zustände im Jahreslauf, vom kahlen Geäst zu den zarten Knospen, die in lichtem Grün ihre Blättchen herausließen. Dann die volle Blätterpracht des Sommers, die sich im Herbst gold und rot färbt, bis sie braun werden und die Erde bedecken. Der Baum, an dem ich dafür erwachte, war eine Englische Ulme mit herzförmigen Blättern. Wenn ich in seine Nähe kam, war mir, als würde er mir schon freudig zurufen, mich begrüßen und auf ein Gespräch hoffen. Ich erzählte ihm dann, wie ich seine zarten Veränderungen wahrnehme, mich daran freue und ihn auch bewundere.

Einmal war ich beim Gehen in meine Gedanken vertieft. Da war es mir, als würde mich jemand rufen. Ich drehte mich um und sah, dass ich an meinem Baum-Freund achtlos und ohne Gruß vorübergegangen war. Ich kehrte um und holte das Versäumte noch nach. Freude entstand da zwischen uns. Doch nicht nur Bäume und die kleinen Wiesenblumen oder Sträucher traten in ein Verhältnis zu mir ein, sondern jedes Gebiet dieses wilden Parkgeländes hat so etwas wie einen eigenen Geist. Da gibt es verschiedene Baumgruppen, die wie eine Tanz-Choreografie erscheinen. Es gibt Wiesen, von Büschen und Bäumen umgeben, die als eigenes Gebilde eine Seele haben, jedes wieder anders. Wer das erleben will, muss verweilen können und innerlich im äußeren

Sehen lauschen und ein Verhältnis schaffen zu diesem Stück Erde. Wer das oft und oft wiederholt, kann die Erfahrung bestätigen, die Hans Müller-Wiedemann in ein Gedicht gebracht hat:

Liebesübung

Gehe den einen Weg viele Male.
Nicht zu wissen, aber zu grüßen
den Baum an der Wegkehre,
vertraut zu werden
mit der Wiese im Grund
und auch der Lichtung,
die immer wieder
auftut den Himmel.
Gehe den Weg viele Male
bis er dein wird.
So übt sich die Liebe.

So können wir Menschen in allen Bereichen des Lebens die Geistigkeit zwischen den äußeren Gegebenheiten erfahren und in das eigene Leben einbeziehen.

Pausen

Missachtung der Pause im Geschichtsverlauf

Die Pause ist sehr verwandt dem, was wir als Zwischenbereich geschildert haben. Und doch unterscheiden sie sich voneinander. Ein Meister der Pausen ist Anton Bruckner. Die Pausen in seinen Symphonien lassen den Hörer das Ende erleben. Wie beim Tod eines Menschen vibriert das gelebte Leben noch nach, und dann setzt es auf höherer Ebene wieder ein. Die Musik erhebt sich bei Bruckner oft in Wellen, immer höher, immer mehr den Himmel aufreißend zu einer Auferstehung. Jede Pause birgt einen kleinen Tod in sich, aus dem das zu Ende Gegangene neu hervorkommt. Das, was zwischen dem sinnlich Hörbaren geschieht, wirkt in jeder Musik, ist eigentlich die Musik. Die Musik lebt in den Intervallen zwischen den Tönen, zwischen den Akkorden, im Rhythmus, der aus lauter kleinen Zwischenzeiten entsteht. Die Pausen dagegen sind die Leere, aus der eine neue Fülle geboren wird. Sie sind Mutterschoß für das, was aus dem Verstummten, Verblichenen, Vergangenen werden will.

Solche Pausen gibt es auch im Leben. Sie sind wichtig, wenn die Zeit nicht zum »Zeitvertreib«, zum »Zeit-Totschlagen« und nicht zum »Keine-Zeit-Haben«, zur »Zeit-Not« werden soll. Das alte Wort: Als die Zeit erfüllt war, meint nicht nur, dass der Augenblick für ein bestimmtes Ereignis, z.B. für die Geburt Jesu, gekommen war, sondern auch, dass die Zeit bis dahin schon erfüllt war von seinem Kommen. Wenn ein Ereignis eintritt, erfüllt es schon die längere oder kürzere Zeit davor. Es gibt auch in der Geschichte Pausen, wo das Gewesene abklingen muss, um das Werdende hervorgehen zu lassen. In der Geschichte des deutschen Volkes leben wir gerade in einer solchen Pause. Aber die meisten halten diese Pause für eine Zeit, die sie nicht verlieren wollen. »Keine Zeit verlieren«, denn »Zeit ist

Geld«. Mit solcher Einstellung wird die Pause erstickt. Das Jahrhundert geht zu Ende mit all seinen hellen und dunklen Ereignissen in diesem Volk. Es gilt, nicht einfach so weiterzumachen, als wäre das alles nicht geschehen. Es geht um die Pause, in der sowohl die neuen Impulse, die zur Heilung der Erde und der Menschen führen können, wie auch die Katastrophe des Holocaust nachwirken müssen. Stattdessen wird vielfach das Helle vom Streit, von Kompromissen mit dem Dunklen verschluckt, und das Dunkle wird in den Seelen verdrängt. Ob es eine politische Partei ist, ob es ein Lehrerkollegium, ein Betriebsrat oder eine religiöse Gemeinschaft ist, sie finden sich zusammen, um neue, rettende, lichtvolle Pläne zu verwirklichen. Dann entstehen unter ihnen Meinungsverschiedenheiten. Sie können sich nicht einigen. Sie können aber auch nicht den anderen in seiner Art gelten lassen. Ihre Gemeinsamkeit wird geschwächt durch die Dunkelheiten im eigenen Wesen, die man nicht sehen will. Dann werden Kompromisse eingegangen mit den dunklen Kräften in der Welt, denen man ja ursprünglich Menschenwürdiges, Geistgemäßes, Zukünftiges entgegenstellen wollte. Man hat in Deutschland die Pause nicht zulassen wollen, in der zum äußeren Wiederaufbau eine innere Wende, ein neuer Kulturimpuls aus den Trümmern der Kultur auferstehen wollte. Nur dort, wo die dunkle Zeit in Deutschland in ihrem ganzen Ausmaß, von der Wurzel des Übels bis zu seinen heutigen Auswirkungen, erkannt wird und in der Seele Schmerzen hervorruft, aus denen Geburtsschmerzen werden können, wenn sie tief genug zugelassen werden, kann der wahre Geist Mitteleuropas wieder zurückkehren in seinen Volksorganismus.

Und das andere gehört auch dazu. Die heilenden Impulse, die durch das Einbeziehen des Übersinnlichen in die Erziehung, die Medizin, Landwirtschaft, Religion und ins Rechts- und Wirtschaftsleben in unserem Jahrhundert begonnen haben, zu wirken, dürfen nicht durch Intellekt und Emotion verdunkelt und verzerrt werden in festgeschriebenen Regeln und Gesetzen. Im ersten Drittel unseres Jahrhunderts brachen in Mitteleuropa, nicht nur in Deutschland, die hellen Impulse auf, Reformbewegungen auf allen Gebieten: im Pädagogischen, Sozialen, in der Kunst, im Ringen um Demokratie und vielem mehr. Im zweiten Drittel setzten sich die dunklen Impulse durch und wirkten von der Mitte auf ganz Europa, ja bis Amerika und Asien hinein und wieder auf Deutschland zurück. Im letzten Drittel begann ein Erwachen für das, was geschehen war, sowohl im Hellen, wie im Dunklen, besonders bei jungen Menschen.

Andere dieser Generation meinten, durch die Droge den Zugang zur geistigen Welt zu finden. Auch sie ließen die Pause nicht zu und füllten die Zeit mit Illusionen, Rausch und seelischer Selbstbefriedigung.

Wieder andere begannen mit ihren Impulsen dort anzuknüpfen, wo sie in den Dreißigerjahren aufhören mussten. Es lebte eine große Begeisterung, eine opfervolle Hingabe, ein Aufbauwille darin, aber auch sie ließen die Pause nicht zu, den Nachklang all dessen, was gewesen war.

Statt der Pause trat auf allen gebieten Spaltung ein, wie ein dämonisches Gegenbild der Pause. Spaltung wurde das Symptom für die heutige Menschheit: Atomspaltung, Bewusstseinsspaltung, Spaltung zwischen Ost und West, Nord und Süd, Spaltung auch in den eigenen Reihen Gleichgesinnter, Spaltung zwischen Moral und Politik – was von einem maßgeblichen Politiker in einem Rundfunkinterview öffentlich ausgesprochen wurde: »Politik hat nichts mit Moral zu tun.«

Die unerwartete Pause zulassen

In einer zehnten Klasse habe ich einmal die Frage gestellt, woran man wohl heute erkennen kann, dass Christus gegenwärtig ist. Es entstand ein großes Schweigen. Die Schüler und ich ließen es zu. Jeder bewegte auf seine Weise die Frage oder bemerkte das Schweigen, das erst ratlose Leere war, sich aber spürbar veränderte. Dann sagte ein Mädchen: »Jetzt war es so.« Und ein Junge fügte hinzu: »Jetzt, wo du es ausgesprochen hast, ist es vorbei.«

Ein solches erfülltes Pausenerlebnis ist natürlich selten. Es lässt sich nicht herbeiführen. Es ist ein Geschenkt. Unser Anteil ist, es entgegenzunehmen im Sinne eines Spruches von Friedrich Doldinger:»Achte der Pausen, der kleinen, die oft dir das Schicksal gewährt. Es kommt einst auch der Kommende so.«

Die Kraft des Friedens

Es gab und gibt im zu Ende gehenden 20. Jahrhundert die Friedensbewegungen. Die Menschen, die ihr angehörten, ließen die hellen und dunklen Ereignisse dieses Jahrhunderts in sich nachwirken und das Kommende in der Stille sich ankündigen, wie in der Pause einer Bruckner-Symphonie. Aber es waren diese Pausen auch von Ohnmacht erfüllt. Sie bestanden die Ohnmacht im Zulassen der Pausen, der Gewaltlosigkeit, des Vertrauens auf die Macht des Friedens.

In einem Flugzeug nach Israel flog eine Familie mit drei kleinen Kindern. Es fiel auf, wie friedlich, wie zufrieden die Kinder während des ganzen Fluges waren. Bei der Passkontrolle in Tel Aviv kam ich mit den Eltern ins Gespräch. Sie waren auf dem Wege nach Jerusalem, um dort mit anderen zusammen für den Frieden zu beten. So waren sie auch schon mit demselben Anliegen in Hiroshima, an der Mauer in Ostberlin und an anderen Zentren der Spaltung gewesen. Das alles aber könne nur wirksam sein, wenn der Friede in der eigenen Familie bewusst gepflegt würde und ebenso am eigenen Arbeitsplatz und im Freundeskreis. Es ginge dabei immer wieder darum, Pausen einzulegen, um zu hören, was mit dem Vergangenen gemeint war, und die Kraft zu bekommen, dem kommenden mit Vertrauen zu begegnen. Solche Menschen, sowohl Einzelne wie auch diese ganze Friedensbewegung haben den Engeln die Tore geöffnet. Das Wunder des Mauerfalls konnte geschehen, an das kaum mehr einer geglaubt hatte. Und es geschah durch die Kraft der Gewaltlosigkeit. Wenn auch einige kluge Köpfe meinten, sie hätten es kommen sehen. Der Kommunismus sei politisch und wirtschaftlich am Ende gewesen. So ist es dennoch möglich geworden durch das Zusammenwirken von Menschen und Engeln, die einander dienen wollten im Zeichen des Friedens auf Erden. Und die Begegnung, die für die meisten Menschen unbewusst war, fand statt in der Pause, die sie bewusst zuließen. Aber im Schicksal des nun wieder vereinten deutschen Volkes und auch aller anderen Völker im befreiten Osten wurde dann die Pause nicht mehr zugelassen. Der Kapitalismus riss die Völker mit sich und brachte Chaos über sie. Genauso war es mit geistigen Strömungen. Sie fluteten in die Ostvölker, die kein Unterscheidungsvermögen hatten. Und auch die heilenden Impulse in Pädagogik und in vielen anderen Lebensbereichen wurden pausenlos, viel zu schnell, ohne Vertiefung und innere Verarbeitung übernommen. Heute gibt es keine äußere Mauer mehr. Aber die Spaltung zwischen Ost und West, zwischen Reich und Arm, zwischen Politik und Moral ist größer denn je.

Der Feind der Pause

Der Feind der Pausen hat ein Freizeitangebot erfunden, das die Menschen mit Nervenkitzel oder Langeweile erfüllt. Erst wenn die Pause wieder zugelassen wird im Leben der Einzelnen, der Gemeinschaften, des Volkes, wird der Einzelne, das Volk zu sich selber, zu seinem Geist finden und solcher Geist, solcher Engel kann in dem zu ihm gehörigen Organismus alle Spaltung aufheben. Der Rückblick auf das vergangene und der Vorblick auf das kommende Jahrhundert ruft uns zur Pause auf, in der das Gewesene ausklingen und das Kommende sich ankündigen kann.

»Ich nicht, aber die Zeit«

Auf ganz andere Weise hat einmal ein Mensch die Pause als eine Zeit, die wirksame Wandlung in sich birgt, erlebt. Friedrich Doldinger hatte in den Dreißigerjahren ein Bild geschaffen, eine Seidenintarsie, die Christus darstellte. Die meisten, die das Bild sahen, waren entsetzt. Nur wenige konnten es damals annehmen. Jahrzehnte später, das Dritte Reich war längst in Deutschland zu Ende gegangen, wurde eine Ausstellung von seinen Bildern gemacht. Er ging mit einem alten Freund durch die Ausstellung. Vor dem Christusbild blieb der Freund betroffen stehen. Er kannte das Bild von früher. Nach längerem Anschauen sagte er zu Doldinger: »Donnerwetter, daran hast du aber noch sehr gearbeitet.« Darauf antwortete er ihm: »Ich nicht, aber die Zeit.« Er hatte seit damals keinen Strich daran getan. Da erlebte der Freund, wie in der Pause, in der er das Bild nicht gesehen hatte, durch die Zeitereignisse, die sich ringsum abgespielt hatten, dieses Bild aus einem Gewordenen in ein Werdendes verwandelt worden war. Äußerlich war es aus der Vergangenheit, innerlich sprach Zukunft daraus. Der Beschauer wurde von des Geistes Gegenwart angerührt, der in jeder zugelassenen Pause lebt. Natürlich kann man im logischen Sinne nicht die ganze dazwischen liegende Zeit als Pause bezeichnen. Es ist ja immerfort etwas geschehen. Aber in der Erlebnisweise des Freundes gegenüber dem Bild war eine Pause eingetreten.

So ist auch die Zeit, in der wir leben, logischerweise keine Pause. Sie ist übervoll mit Ereignissen und Entwicklungen. Aber im Wirken des mitteleuropäischen Volksgeistes ist sie eine Pause. Wir leben zwischen seinem Aufbruch als heilende Kraft zu Beginn des 20. Jahrhunderts und seinem neuen Erkeimen in Zukunft, wenn die Folgen der Jahrhundertkatastrophen aufgearbeitet worden sind. Durch die tödlichen Ereignisse in der Jahrhundertmitte wurde seine Wirkung wie durch eine Detonation gesprengt. Erst wenn wir uns dieses Knalls und seiner Folgen bewusst werden, kann er sich aus der Zukunft nähern. Wir müssen die Pause in diesem Drama zulassen und darin die Wandlung aus dem Schweigen, aus dem Verlust, aus dem Abgrund des Bösen, der sich da auftat, ermöglichen.

Meditation als Pause im Alltag

Um solche Pausen in großen, überpersönlichen, geschichtlichen Zusammenhängen zu verstehen und mit ihnen umzugehen, bedarf es der Pausen im eigenen persönlichen Leben. In ihnen entheben wir uns der irdischen Zeit und begeben uns in die Welt der Zeitlosigkeit, die die Welt des Geistes, die die Welt der geistigen Wesen, der Engel ist. Jede Meditation, jedes Gebet, jedes Sakrament ist eine solche Pause, sobald wir uns darin so versenken, dass wir die Zeit darin vergessen. Sobald ich denke: »Wie lang dauert es noch?« oder: »Ich habe keine Zeit mehr, die Arbeit ruft«, habe ich die wahre Pause nicht zugelassen, bin ich in der Zeit geblieben, die nur im Irdischen gilt. Wenn die Meditation zur Pause im Alltag wird, kann ein Augenblick Ewigkeitscharakter haben, die Ewigkeit blitzt in den Augenblick hinein. Solche Erfahrungen sind schwer zu beschreiben, weil die irdischen Begriffe, die uns zur Verfügung stehen, ihnen nicht ganz entsprechen. Es kann ein einziges Wort sein, das zu einer Welt wird. Wenn der Mensch sich in die Pausenverfassung bringt, d.h. wenn er sich leer macht von allem »Eigensinn«, von allem gewohnten Denken und Wollen und bereit ist, zuzulassen, was ihm zukommen will, dann kann sogar jedes Wort im Augenblick uns in Zeitlosigkeit, in eine Welt jenseits der Zeit, das ist die Ewigkeit, bringen.

Es gibt das Wort »Dasein«. Wer sich ihm übergibt, kommt innerlich zur Ruhe. Dasein, das ist tragend, verlässlich, ohne Anfang und Ende, in allem Geschaffenen erlebbar. Wir können uns im Dasein geborgen, aufgehoben, geschützt fühlen. Und dann kann in diesem Erlebnis von Weite und Tiefe und Ausgebreitetem das Wort plötzlich ganz anders erfahren werden, im Sinne von Da-Sein, anwesend sein, gegenwärtig sein, in diesem entscheidenden Augenblick da sein. Wenn diese beiden gegensätzlichen Worterlebnisse verschmelzen, erlebt der Mensch Ewigkeit im Augenblick als ein Licht und Augenblick in Ewigkeit als eine Kraft. Das ist erfüllte Pause nach und vor dem Alltag.

Das erlebte ich, bevor ich zu meiner Berufsarbeit aus dem Haus ging. Ich nahm an einer großen Besprechung teil, die später in kleiner Runde fortgesetzt wurde. Da warfen mir die Kollegen vor, ich habe über Dinge gesprochen, die andere nichts anginge, ich sei indiskret gewesen. Das traf mich tief, denn ich fühlte, dass es stimmte. Sehr aufgewühlt ging ich mittags nach Hause. Noch ganz von dem Entsetzen über mich selbst erfüllt, setzte sich plötzlich das Pausenerlebnis vom Morgen fort. Ich wurde der Zeit enthoben und »sah«, d.h. ich nahm mit Seelenaugen wahr, wie alles zu einem großen Ganzen gehört. Meine Vertrauensseligkeit kann den Charakter der Indiskretion bekommen und ist zugleich die Offenheit, die die Menschen schätzen, die mich für sie glaubwürdig macht. Aber weit über diese aktuelle Situation hinaus lag die Welt wie ein großes inneres Ganzes vor mir, das Helle und das Dunkle, alle Gegensätze gehörten zusammen, wahrhaft unbeschreiblich. Ich war erschüttert vor Glück, dass mir das widerfuhr. Ich empfand es als ein Erleuchtungserlebnis, das mir aus der morgendlichen Pause mitten im Alltag zukam.

Doch muss man sich hüten, Meditation und Gebet mit Absichten zu verbinden, sie zu pflegen, damit etwas Besonderes geschieht. Die Absichtslosigkeit gehört zum Wesen solcher Pausen.

Eugen Herrigel schildert in seinem Buch »Die Kunst des Bogenschießens«, wie er fünf Jahre lang geübt hat, bis er diese Absichtslosigkeit erlernt hat, durch die er, ohne zu zielen, ins Schwarze traf. Sein Meister vermochte das mit verbundenen Augen. Beim zweiten Schuss spaltete der Pfeil den ersten, der noch im Schwarzen der Scheibe steckte. Die Absichtslosigkeit ist das Loslassen des Eigensinns. In diesen Pausen zwischen den im Erdenleben sonst absichtsvollen Handlungen kann der Engel eintreten, der Engel Einzelner oder der Gemeinschaft, oder auch Christus, dem Engel und Menschen gemeinsam dienen.

Ohnmacht

Hilfe aus der Nacht

Schon im Kapitel über die Identität haben wir Ohnmachtserlebnisse geschildert, besonders im pädagogischen Bereich. Es soll unter diesem neuen Aspekt noch einiges hinzugefügt werden.

In einer neunten Klasse wollte ein Schüler mich immer wieder provozieren, indem er die Beine während des Unterrichts auf den Tisch legte. Ich bat ihn, die Beine herunterzunehmen, aber nach kurzer Zeit waren sie wieder oben. Eine Weile ließ ich ihn gewähren, fühlte mich aber durch diese Haltung sehr gestört. Ich forderte ihn mit strengem Ton wieder auf, das zu lassen. Ich wusste, dass er dieses Spiel auf die Spitze treiben wollte, bis ich wütend werden und ihn hinauswerfen würde aus dieser Unterrichtsstunde. Diese Genugtuung wollte ich ihm nicht geben. Ich fühlte mich ohnmächtig ihm gegenüber. Am Abend vor der nächsten Stunde bewegte ich lange, was ich mit dem Jungen tun solle, sein Verhalten ignorieren oder eingreifen? Was war die Ursache für diesen Machtkampf? Mit solchen Fragen bewegte ich das Wesen dieses Jungen in meiner Seele, aber die Ohnmacht wurde dadurch nicht geringer. Am nächsten Tag ging ich mit banger Erwartung in die Stunde. Was geschah? Für mich war es ein Wunder: Ohne dass ich etwas gesagt hatte, legte der Junge kein einziges Mal die Beine auf den Tisch und von da an nie mehr. Indem ich die Ohnmacht durchlitt und dabei das Wesen dieses Jungen fragend in mich bewegte, habe ich wohl seinen Engel erreicht, sein höheres Wesen, das ihn mit sich selbst in Einklang brachte. In meiner Ohnmacht wurde der Engel stark, wie es Paulus aussprach, mit den Worten: »Denn Gott ist in den Schwachen stark.«

»Das hat gerade noch gefehlt«

Jede Mutter, jeder Vater kennt diese Ohnmachtserlebnisse gegenüber den jugendlichen Töchtern und Söhnen. Wer sie nicht abwehrt, sondern zulässt, wird unerwartete Einsicht in das Schicksal und Hilfen erfahren.

In einer Heilstätte für drogengeschädigte Jugendliche war ein Mädchen ausgerissen. Der verantwortliche Therapeut machte sich auf die Suche und fand sie schon einige Kilometer vom Haus entfernt unterwegs. Er wollte sie bewegen, mit ihm umzukehren. Aber sie war in keinster Weise bereit. Er war am Ende seiner pädagogisch -therapeutischen Kunst. Da sah er von weitem das Milchauto, das von einer Frau gesteuert wurde, die über zwei Zentner wog und völlig verwahrlost, seelisch verkommen war. Er kannte sie und dachte: »Die hat mir gerade noch gefehlt.« Das war ein Wort, dessen positive Wahrheit er erst kurze Zeit danach erkannte. Die Frau hielt, stieg aus, sah aus wie ein Ungeheuer, stammelte etwas und fuhr dann weiter. Das Mädchen war von der Szene erschüttert, sagte leise: »Die ist ja noch viel kaputter als ich«, und war jetzt bereit umzukehren. Der Therapeut dankte im Stillen den unsichtbaren Helfern, die es so gefügt hatten, dass die, »die gerade noch gefehlt hatte«, in diesem Augenblick seiner Ohnmacht kam.

Mancher Leser wird vielleicht sagen, wie oft war ich schon in seelischen Ohnmachtssituationen, aber solche Hilfe ist mir nie zugekommen. Das kann verschiedene Gründe haben, die im bisher Geschilderten schon inbegriffen sind. Der Mensch muss nämlich gelernt haben, zu sich selbst zu stehen, auch in der Ohnmacht. Er muss lernen zu bemerken, was Dinge und Vorgänge ihm sagen wollen. Er darf nicht meinen, durch irgendwelche Übungen oder Verhaltensweisen die Hilfe höherer Mächte bewirken zu können, sondern muss es zu seinem Schicksal, seiner Entwicklung gehörig annehmen, wenn nichts dergleichen geschieht. Wenn es aber doch geschieht, ist es nicht sein Verdienst, sondern ein Geschenk, eine Gnade, für die wir großen Dank empfinden. Erst wenn wir Fügungen und Führungen nicht mehr für Zufall halten, wenn wir sie ernst nehmen, können die dahinter stehenden Wesen deutlich spürbar werden in unserem Leben. Wir müssen uns üben im oben beschriebenen Sinn, auch üben im Achten der Zwischenprozesse und Pausen und doch dabei absichtslos und erwartungslos bleiben. Das ist ein nicht leicht herzustellender Zustand, aber ein für jeden Menschen erreichbarer.

Christus in der Ohnmacht erleben

Ich durfte in einem sehr tiefen, schmerzvollen Ohnmachtserlebnis eine ungewöhnliche Tröstung erfahren, die auch für andere, die es nicht selbst erleben, eine Tröstung sein kann. Ich litt unsäglich darunter, dass ich einen geliebten Menschen nicht abhalten konnte, ein Unrecht zu tun, das dem Freund auch selber sehr schaden würde. Dieser ließ meine Bedenken, Warnungen, Voraussagen überhaupt nicht an sich heran. Er machte sich ganz und gar zu gegenüber allem, was zu seinem Heil gewesen wäre. Einen geliebten Menschen nicht vor Unheil bewahren zu können, gehört wohl zu den schwersten Ohnmachtserlebnissen. In ihrer Not betete ich für den Freund. Da war es mir, als ob ein anderer durch meine Gedanken zu mir spräche: »Was du jetzt mit diesem einen Menschen erlebst, das erlebe ich täglich mit unendlich vielen Menschen. Ich liebe sie und möchte sie vor Unheil bewahren, aber sie lassen mich nicht an sich heran. Um ihrer Freiheit willen durchleide ich täglich die Ohnmacht. Dein Ohnmachtserlebnis macht dich mir verwandt, bringt dich in meine Nähe. Ich bin alle Tage bei dir. Jetzt darfst du es fühlen. Danke deiner Ohnmacht. Danke dem, der in deiner Ohnmacht lebt.«

So machte ich eine Ohnmachtserfahrung, die mich das ganze Leben mit neuen Augen sehen ließ. Christus ist es, der sich mit dem irdischen Menschen vor 2000 Jahren für alle Zeit verbunden hat. Er lebt, leidet, freut sich in allem, was von Menschen erlebt, erlitten und mit Freude aufgenommen wird. Er ist »der Mensch« in jedem Menschen, wie es Pilatus ahnte, als er auf ihn hinwies und sagte: »Ecce homo.« Das ist der Mensch.

Der Schaffende

Schaffen ist künstlerisches Tun

Zum Erdenmenschen gehört, dass er schaffen kann. Schaffen ist nicht dasselbe wie Tun. Ein Mensch kann den ganzen Tag etwas tun, aber er hat dann nicht immer etwas geschaffen. Auch wenn er eine technische Entdeckung macht, spricht man von konstruieren, von erfinden, aber man sagt nicht, man habe einen neuen Computer oder eine neue Hinrichtungsmethode erschaffen. Schaffen ist ein Umgehen mit Lebendigem, ein Gestalten, Verwandeln, Bewegen von Lebendigem. Schaffen ist immer ein künstlerischer Prozess, auch wenn es sich im ganz alltäglichen Leben vollzieht. Eine Frau kann es geschafft haben, das Mittagessen für die Familie rechtzeitig auf den Tisch zu bringen. Sie kann auch ein Mittagsmahl schaffen, das schon durch seinen Anblick zur Ernährung beiträgt und bei dem man schmeckt, dass es mit Liebe gekocht ist. Man unterscheidet ja auch zwischen Kochen und Kochkunst, und das hängt nicht ab von der Fülle der Speisen und Zutaten, die verwendet wurden. Bei allem Schaffen kann man auch von Kunst sprechen, von Erziehungskunst, medizinischer Kunst, sozialer Kunst, Gartenkunst, Lebenskunst. Denn solchem Schaffen wohnt das Grundwesen der Kunst inne, in das Leben den Tod einzubeziehen. Was in diesem Sinne geschaffen wird, darf ruhig sterben, denn es wird durch ein erneutes Schaffen so weiterleben, dass es im Schaffenden etwas verändert, ein neues Sehen, Verstehen in ihm weckt.

So schreibt ein Mensch aus seiner eigenen Seele, seinem Leben ein Buch. Es stirbt in die Druckerschwärze hinein und kann zu neuem Leben gebracht werden, wenn es von einem Menschen gelesen wird, der nicht nur Sätze aneinander reiht, sondern den Inhalt neu schafft, dass sich ihm eine neue Sicht auftut oder eine eigene Sicht bestätigt wird. Bei jeder Kunst geschieht das, bei Musik, Malerei und auch bei jedem Stück Lebenskunst.

Lebenskunst im Unterrichten

Ein anderes Merkmal des Schaffens ist das Zusammenwirken von Zeugen und Empfangen. In der Natur geschieht das durch ein männliches und ein weibliches Wesen, also durch zwei. Im Seelisch-Geistigen kann es das Männliche und das Weibliche in einem Menschen sein. Jeder Künstler ist ein Zeugender und erlebt sich im Hervorbringen als Empfangender. Das gilt auch für die Lebenskünste. Ein Lehrer muss viel tun, um seinen Unterricht vorzubereiten. Wenn dann die Stunde ein Kunstwerk werden soll, muss er bereit sein, zu empfangen, was ihm entweder von den Schülern oder vom Geist der Situation entgegenkommt. Wenn er nur durchbringt, was er sich vorgenommen hat, hat er die Stunde am Ende vielleicht geschafft, ist womöglich auch selber »geschafft«, wie man in Bayern sagt, aber er hat sie nicht geschaffen, hat Leben nicht zugelassen und nicht das Sterben, aus dem Neues hervorgeht.

Ich hatte mich vorbereitet, den Kindern einer dritten Klasse die Geschichte von Esther aus dem Alten Testament nahe zu bringen. Als ich das Klassenzimmer betrat, waren die Stühle je zwei und zwei den Gang entlang aufgebaut. Die Kinder standen an den Wänden entlang, voller Erwartung, was ich jetzt machen würde. Das so genannte Normale wäre wohl gewesen, die Stühle an ihre Plätze bringen zu lassen und die Kinder dazu. Ich fühlte die Spannung, die in der Luft lag, und sagte: »Oh, heute wollt ihr wohl mit der Eisenbahn fahren. Also steigt ein.« Dann verteilte ich die Rollen: Schaffner, Fahrgäste, Stationsvorsteher, Zugführer. Jeder sagte, wohin er fahren wollte auf der Strecke von München nach Kopenhagen. Unterwegs rollte der Zug immer langsamer. Schließlich wurde vom Zugführer durchgegeben, dass die Lokomotive einen Schaden habe und auf freier Strecke anhalten müsse. Es würde eine Weile dauern, bis die Lokomotive ausgewechselt wäre. Unter den Fahrgästen befand sich auch die Religionslehrerin. Sie bot an, den wartenden Passagieren eine Geschichte zu erzählen. Die stimmten freudig zu. Sie setzten sich auf die grüne Wiese, d.h. auf den Fußboden des Klassenzimmers. Da kam ganz zaghaft der Stationsvorsteher zu mir und sagte: »Ich bin doch der Stationsvorsteher weit weg auf dem Bahnhof, aber ich möchte doch so gerne die Geschichte hören.« Ich sagte ihm, er solle doch mit einer Lokomotive vom Bahnhof herauskommen und prüfen, was mit dem Zug los sei. Das tat er, und die Geschichte von Esther konnte unter solch hervorragenden Umständen erzählt werden.

Lebenskunst im Umgang mit Jugendlichen

Bei den Jugendlichen entsteht das Schaffen durch die wahrhaftige Gesprächsbereitschaft. In einem Jugendkreis wurde Christentum und Kommunismus kontrovers diskutiert. Am Ende sagte ich: »Ich möchte jetzt ganz neutral zusammenfassen, was sich aus diesem Gespräch ergeben hat.« Ich schilderte die Äußerungen und Auffassungen beider Seiten, wie ich meinte, wertfrei. Am Ende sagte ein Junge: »Man hat aber doch ganz deutlich hören können, auf welcher Seite Sie stehen.« Ich sah es ein, und die Jugendlichen ließen es gelten. Ahnten sie wohl, dass es dem Geist der Stunde mehr entspricht, den anders Denkenden zuzulassen und doch zu sich selbst zu stehen, als nur so zu tun, als dächte man wie der andere?

Lebenskunst in Partnerschaft

Solche Geistesgegenwart ist es, die alles wahre Schaffen ermöglicht. Auch der Arzt muss alle Untersuchungen erst gründlich durchführen, aber dann bereit sein, eine Intuition zu empfangen, die aus allem Gewohnten herausfällt. Und wenn Menschen zur Ehe- oder Familienberatung gehen, um Lebenskunst zu schaffen, können sie alle aus vielerlei Erfahrungen und Gesetzmäßigkeiten stammenden Ratschläge entgegennehmen. Ein Kunstwerk wird ihr Leben erst dann, wenn sie den Geist der Stunde hereinlassen, der ihnen nicht sagt, woher die Schwierigkeiten kommen, sondern wie sie daraus etwas Neues schaffen können.

Ein Paar, das schon längere Zeit zusammenlebte, wollte heiraten. Auf dem Wege zu einem Vorbereitungsgespräch gerieten sie im Treppenhaus in lauten Streit. Ich fragte, ob sie sich nicht noch mehr Zeit lassen wollten, ihren Eheentschluss zu prüfen. Der Streit eben sei nicht gerade ein gutes Omen. Da sagten die beiden, sie hätten erkannt, dass sie durch solchen Streit immer wieder hindurch müssten, dass das eine Aufgabe ihres gemeinsamen Schicksals sei. Sie lernten immer besser damit umzugehen, aber sie dürften ihn nicht unterdrücken. Jedes Mal kämen beide dadurch zu sich selbst und könnten dann wieder neu zusammenleben. Das Gespräch zu dritt wurde ein echtes Vorbereitungsgespräch, anders als ich es vorbereitet hatte, aber erfüllt vom Geist des Gegenwärtigen. Hand in Hand verließen die beiden die Wohnung. Die Ehe hält nun schon fast zwanzig Jahre. Man hüte sich nur, daraus eine Regel zu machen. Wie viele haben schon das geheime Geständnis gemacht, sie wären am liebsten schon auf dem Weg zum Standesamt umgekehrt.

Material für den Schaffenden in uns

Es gibt nichts, was nicht in die Sphäre des Schaffens gehoben werden könnte. Auch der Umgang mit Krankheit, mit Unglück, mit Verlust kann Material für unser schaffendes Wesen sein. Wir erkennen wahres Schaffen daran, dass man die Situation annimmt als gegeben und den Einfall zulässt, durch den sie eine neue Gestalt bekommt. Was da gegeben ist, scheint nicht von uns zu sein, aber wir können es zu unserer Sache machen. Der Einfall kommt auch irgendwo her. Die Idee fällt in uns hinein, oft erst, indem wir anfangen, das Gegebene zu bejahen. Wir sind dann der Ort, an dem das Schicksalsgegebene und der neue Impuls, der uns einfällt, sich verbinden. Wir schaffen, aber eigentlich sind es die Schicksals- und Ideenwesen, die durch uns wirken in allem, was uns einfällt. Jeder wahre Künstler erlebt, wie ihm in seinem eigenen Schaffen etwas Unfassbares zukommt, so unfassbar und doch so real, wie ein göttliches Wesen, auch wenn er es nicht so nennt.

Liebe

Liebe reinigt

Es gibt keine menschliche Liebe, in der nicht auch Christusliebe lebt. Denn Christus liebt nicht eines und das andere nicht. Er ist selbst das Wesen der Liebe. Die Liebe ist ein Wesen, und das ist Christus. Christus aber lebt in allem, was Menschen erleben. Wenn Menschen Hass, Entwürdigung, Misshandlung erleiden, dann leidet das Wesen der Liebe in ihnen, Christus leidet, der wahre Mensch in jeder menschlichen Unvollkommenheit leidet. So lebt er erst recht in jeder noch so unbemerkten, noch so einseitigen Liebe jedes Menschen. Der liebende Mensch hat Anteil an diesem göttlich-menschlichen Wesen der Liebe. Wenn die Menschen in Zeiten großer Liebe davon sprechen, sie seien im siebten Himmel, so ist das ein Ausdruck für dieses Erlebnis.

Ein Schwerkranker, der im Koma lag, erlebte die Liebe der Krankenschwester, die ihn umsorgte, wie einen nährenden Lichtstrom, der sein Blut durchströmte und reinigte. Als er wieder in sein Tagesbewusstsein kam, sagte er: »Jetzt weiß ich, was Liebe ist.«

Engelsfügung durch Bejahen eines Menschen

Jedes Mal, wenn ein Mensch sich von einem anderen bejaht fühlen darf, beginnt das Liebeswesen zu wirken. Dann fügen die Engel die Geschehnisse so, dass Schicksalsentscheidungen eintreten können.

Ein Schüler der zwölften Klasse verhielt sich in der Schule so, dass die meisten Lehrer meinten, er könne nicht zum Abitur zugelassen werden. Es sei auch für ihn besser, jetzt vom Leben praktisch gefordert zu werden und nicht ein weiteres

Jahr zu faulenzen und sinnlos dahinzuleben. Es wurde eine Konferenz am vorletzten Schultag des Jahres einberufen, um zu beraten, was mit diesem Jungen geschehen solle. Ich saß im Vorzimmer, gegen meine Gewohnheit hatte ich das Zeugnisschreiben bis zum letzten Tag hinausgeschoben. Ich hatte mich über dieses Verhalten selber gewundert. Als ich nun da saß und schrieb, ging die Tür zum Konferenzzimmer auf und eine Lehrerin kam heraus, um eine Zigarettenpause einzulegen. Ich galt als Gastlehrerin und gehörte nicht zum beratenden Kollegium. Ich fragte, worum es denn in dieser Sonderkonferenz ginge. Da erfuhr ich, dass sie über den Verbleib eines Schülers beraten würde, der die Schule verlassen solle. Als ich den Namen des Schülers hörte, sagte ich: »Dazu könnte ich ihnen sehr viel sagen. Ich kenne den Jungen von der Taufe an.« Als das Kollegium das hörte, wurde ich hereingebeten, mich in der Konferenz zu äußern. Jetzt erzählte ich den anderen, wie es in der Seele des Jungen wirklich aussah, welche Probleme er in der Familie hatte, wie er sich oft fehl am Platze fühlte. »Wenn Sie ihn jetzt von der Schule wiesen, würde in ihm gegenüber der ganzen Schulzeit ein Hass zurückbleiben«, sagte ich. All dies sprach ich aus der Liebe und Bejahung zu diesem Menschen. Da fragten mich die Lehrer, ob ich bereit sei, mich um den Jungen zu kümmern, eine Art Mentoraufgabe für ihn zu übernehmen. Ich sagte, wenn noch ein anderer Lehrer, der Fachkenntnisse habe von dem, was zum Abitur gelernt werden müsse, mich unterstütze, würde ich das gerne tun. Die Deutschlehrerin war bereit dazu, und so stimmte ich zu. Auf dem Heimweg begegnete ich dem Jungen. Ich erkannte sofort die Fügung und erzählte ihm, wie alles gelaufen war. Wie gut es war, dass ich erst so spät Zeugnisse schrieb, und mich mit den Lehrern besprochen hatte. Der Junge strahlte. Es gab das ganze Jahr keine Probleme mehr mit ihm, und er schrieb ein gutes Abitur.

Ein Weihnachtserlebnis

Es gibt wohl in jedem Leben Zeiten, in denen sich der Mensch nach Liebe sehnt, sowohl Liebe zu empfangen wie Liebe zu geben. Er fühlt sich von aller menschlichen Liebe verlassen. In solchen Stunden können wir in Selbstmitleid zerfließen, oder wir können uns sagen: Es hindert mich doch nichts, selber zu lieben. Kann man sich denn befehlen, zu lieben, wenn man sich so von aller Liebe verlassen fühlt?

Ich musste in der Zeit meiner Ausbildung in einer mir wildfremden Stadt mein Praktikum machen. Ich hatte mich gerade von meiner »großen Liebe« getrennt. So fühlte ich die Einsamkeit besonders schmerzlich. Ich wohnte in einem sehr großen, kärglich möblierten Zimmer, das von dem kleinen Ofen nur notdürftig erwärmt werden konnte. Es war Weihnachtsabend. Ich kannte niemanden näher, mit dem ich hätte Weihnachten feiern können. Der Schmerz und die Verlassenheit drohten mich zu überwältigen. Ich hatte aber seit einigen Jahren die Gepflogenheit, am Heiligen Abend Fürbitte zu pflegen für alle, die in der Welt Verantwortung zu tragen haben, dann für die Leidenden, die in dieser Stunde im Krankenhaus, im Obdachlosenasyl, am Bett eines Sterbenden, im Gefängnis oder Gefangenenlager leiden. Ich betete für die Menschen der Religionsgemeinschaft, der Berufsgemeinschaft und für meine persönlichen Freunde und Familienmitglieder. Ich dachte dabei nicht an Liebe, aber es ist in jeder Fürbitte Liebe. Als ich geendet hatte, wollte gerade die Trauer in meiner Seele wieder aufsteigen. Da war mir, als öffne sich die Tür. Jemand trat ein und legte tröstend den Arm um mich. Ich sah ihn nicht, aber ich wusste, wer es war. Es war das Wesen der Liebe. Als er wieder gegangen war, fühlte ich die Wahrheit der Weihnacht, in der die Christgeburt auf unendlich mannigfaltige Weisen geschieht, aber immer im Geiste der Liebe.

Christus lieben

Vor zweitausend Jahren fragte Christus nach seiner Auferstehung den Jünger Petrus dreimal: »Liebst du mich?« Und Petrus antwortete dreimal: »Ja, du weißt, dass ich dich liebe.« Darauf bekam er dreimal den Auftrag: »Weide meine Schafe.« Christus lieben, das kann der Mensch, indem er sich um andere kümmert, um die Schafe und Lämmer Christi, um alle, die er liebt. Er lebt heute nicht in Menschengestalt, sondern in allem Menschlichen auf Erden. Die Erde selber als der Ort der Menschen ist von ihm durchdrungen. Sie muss erhalten bleiben, bis die Menschen sie zu einem Stern der Liebe, zu einem Christusstern verwandelt haben, der geistig leuchtet, wie physisch heute die Sonne leuchtet.

Christus lieben, heißt heute auch, die Erde lieben. Es sind erst ganz zarte Anfänge von Verantwortung für Erde und Menschheit heute zu erleben, aber diese Anfänge öffnen den Engeln die Tore, hereinzuwirken in menschliche Einsicht, in Liebe und Einsatz für Menschlichkeit und für die Erde. Auch die Verstorbenen können Helfer für dieses Erwachen, für diese Vermittlung sein.

Engelsführung auf Israel-Reisen

Ich hatte lange Zeit bei mir gedacht: Ich möchte nicht, wie so viele, nach Israel reisen. Was da heute geschieht, sowohl politisch wie auch touristisch, verdirbt mir nur meine Beziehung zu dem Land, in dem Christus als Mensch gewandelt ist. Ich möchte mir das Heilige Land der Evangelien bewahren. Eines Tages sagte ein Kollege zu mir: »Ich habe beim Aufräumen eines Büroschrankes eine Mappe gefunden und in Ihr Fach gelegt. Schauen Sie doch nach, ob man das wegwerfen kann.« Ich nahm die Mappe mit nach Hause. In einer ruhigen Stunde schaute ich hinein. Es waren Tagebuchaufzeichnungen von einer Israelreise. Ich wusste nicht, von wem sie stammten. Ich las alles durch und war von einer Stelle sehr berührt. Da schilderte der Schreiber die jahrtausendealten Ölbäume von Gethsemane. Als ich am Ende des Tagebuchs angekommen war, sah ich ganz kleingeschrieben eine Unterschrift. Ich erkannte sofort an der Schrift, von wem das Tagebuch stammte, und war betroffen. Es war die Unterschrift meines vor drei Monaten in Sao Paulo gestorbenen Großonkels. Er hatte dort jahrzehntelang gelebt und war nur zu kurzen Besuchen in Europa gewesen und bei mir schon lange nicht mehr. Wie kam sein Tagebuch in diesen Schrank? Ich fragte alle Menschen, die es hätten wissen können. Das Rätsel blieb bis heute ungelöst. Ich aber merkte deutlich, dass das ein Ruf war und dass ich mein Vorurteil gegenüber Israel aufgeben und hinfahren sollte. Ich erzählte die Geschichte einem Freund, und wir fuhren zusammen dorthin. In der letzten Woche meiner Reise kamen wir nach Jerusalem. Nachdem wir unser Quartier bezogen hatten, gingen wir durch das Damaskus Tor ein paar Schritte weit auf den arabischen Friedhof. Ich wurde von dem Anblick des Ölbergs, den man von dort aus liegen sieht, in Bann gezogen. Der Freund ging weiter, ich blieb zurück. Es war die Zeit zwischen Tag und Nacht. Die Dämmerung zog herauf. Die Ölbäume, die schlanken, dunklen Zypressen, die russische Kirche mit den goldenen Kuppeln, um den Berg sich windend die große Autostraße nach Jericho mit Neonlicht beleuchtet, dieser Anblick ging mir, ich wusste nicht warum, tief ins Herz. Nach einer Weile ergriff mich eine unerklärliche Erschütterung. Es kamen mir die Tränen. Ich ging in die Knie und weinte. Da sprach es in mir wie von ganz weit her: »Kannst du nicht eine Stunde mit mir wachen?« Das war es, was mich an diesem Ort festgehalten hatte, der Anblick von Gethsemane, wo dieses Wort den drei schlafenden Jüngern zum ersten Mal in die Seele drang. Damals rang Christus darum, nicht zu sterben, bevor er seinen Auftrag, am Kreuz zu sterben, erfüllt haben würde. Ich nahm sein Wort ganz persönlich und war erschüttert, wie recht er hatte. Wann wachte ich denn mit ihm? Mein Bewusstsein seiner Allgegenwart schlief doch fast immer und gerade in entscheidenden Stunden. Wie Recht hatte er mit seiner Frage an mich. Ich erhob mich und wäre am liebsten gleich nach Hause gefahren. Jetzt wusste ich, warum ich nach Israel, nach Jerusalem fahren sollte. Mein

Freund merkte, dass etwas Besonderes geschehen war, aber ich konnte noch nicht darüber sprechen. Während der ganzen Reise lebten wir ohne Radio und Zeitung, ohne Wissen von dem, was in der Welt geschah. Als wir wieder zu Hause waren, erfuhren wir von der Kathastrophe in Tschernobyl und erlebten, wie die Menschen davon in Panik geraten und aufgewühlt waren. Es konnte also wirklich die ganze Erde verseucht, krank und für immer zerstört werden, bevor die Menschheit ihr Ziel erreicht haben würde, Liebe auf der Erde zum Strahlen zu bringen. Ich stellte fest, dass der Tag von Tschernobyl der Tag meines Erlebnisses war. Als mir das klar wurde, bekam das Wort noch einen überpersönlichen Klang, der die Erde und Christus, den Geist der Erde, betraf: »Kannst du nicht eine Stunde mit mir wachen?« Wie er damals rang, nicht zu sterben, bevor er seine Aufgabe, im Leibe Jesu am Kreuz zu sterben, erfüllt habe, so ringt er heute im Leibe des Erdplaneten darum, dass dieser nicht sterbe, bevor er zum Christusstern, zum Stern der Liebe geworden ist.

Zwölf Jahre später weilte ich noch einmal alleine wenige Tage in Jerusalem. Die Stadt lag in einer rötlichen Sandwolke, die von der Wüste von Süden hergeweht wurde. Man konnte nicht weit sehen. Ein rötlicher Nebel legte sich auch über den Anblick von Gethsemane, als ich vom arabischen Friedhof, das damalige Erlebnis erinnernd, hinüberschauen wollte. Alles war unheimlich, und doch fühlte ich keine Angst. Als ich vom Ölberg am Freitagabend, dem beginnenden Sabbath, ins Kidrontal hinabstieg, begegnete mir niemand. Ich war allein. Nur ein russischer Priester überholte mich und rief mir auf Englisch zu, ob ich wüsste, dass es gefährlich sei, um diese Zeit allein auf dieser Straße zu gehen. Ich rief freundlich zurück: »Jetzt kann ich es nicht mehr ändern.« Zu dieser Zeit lebte ich schon in der direkten Beziehung zu der Engelwelt durch die Vermittlerin, die mir die Engelsbotschaft überbrachte. Vor dieser Reise hatten die Engel mich aufgefordert, in Jerusalem sich ihnen anzuvertrauen, selber einfach ohne festes Ziel dem Gefühl folgend ihre Wege zu gehen. Nach der Reise ließen sie mich Folgendes wissen:

»Israel leuchtet. Es ist kein Zufall, dass Christus sich dieses Land ausgesucht hat. Er hat durch sein Erdenleben die Besonderheit dieses Landes bestätigt. Sie ist durch ihn noch mehr gesättigt, noch substanzieller. Die Pfade, die Irene wahllos ging, waren die Wege, die Christus gegangen ist. Sie strahlen heute noch Licht und Wärme aus. Auf der geistigen Landkarte Israels sind sie wie goldene Markierungen eingezeichnet. In ganz Israel ist seine Lichtspur zu sehen, die aus der Erde kommt. Irene ist durch den Punkt gegangen, wo das Kreuz war. (Das ist nicht in der Grabeskirche). Sie ist hindurchgeschritten. Wo sie besonders erschöpft war, war auch Christus erschöpft. Diese Orte erschöpfen auch heute noch. Die Orte, wo Maria geboren und begraben sein soll, sind nicht die richtigen, aber an diesen Orten hat Maria oft geweilt. Sie sind sehr energiegeladen, sind helle Orte, sind durch Maria licht geworden. Irene hatte in Jerusalem eine Engelführung.«

Obwohl mir in diesen Tagen nichts Ungewöhnliches widerfahren war, hatte ich die Nähe der Engel deutlich erspürt.

Durch Christus zum Engelerleben

Nicht lange danach ging mir ein ganz neuer Zusammenhang auf. In vergangenen Zeiten wurden die Menschen durch Engelerlebnisse zu Christus geführt, wie es von den Hirten auf den Feldern von Bethlehem oder von manchen Heiligen, wie der Heiligen Johanna von Orléans, erzählt wird. Wer heute bewusst Engel erfährt, hat, auch ohne dass er es sich im irdischen Sinne vorgenommen hat, Christusqualitäten in seinem Leben und Wesen gepflegt, das Christushafte in sich zugelassen. So hatte auch ich im hier beschriebenen Sinne Christuskräfte in mir belebt, Christuserfahrungen in mir gemacht auch dann, wenn es nicht zu den Begegnungen kam, wie sie mir in Jerusalem geschenkt wurden.

Heute führt Christus den Menschen zum Leben mit den Engeln, zum Einbeziehen der Engel in das Leben der Menschheit. Wer das Wesen Christi wirken lässt, darf sich mit Engeln verbunden erleben.

Sein Wesen ist Ich-haft, wie es im Johannes- Evangelium in siebenfacher Weise ins Bild gebracht wird:

Ich bin das Brot des Lebens.
Ich bin das Licht der Welt.
Ich bin die Tür der Schafe.
Ich bin der gute Hirte.
Ich bin die Auferstehung und das Leben.
Ich bin der Weg, die Wahrheit und das Leben.
Ich bin der wahre Weinstock.

In der Identität mit uns selbst lebt dieses höhere Ich-Wesen aller Menschen, wie wir es im ersten Kapitel zeigen wollten. Sein Wesen ist worthaft, wie uns der Anfang des Johannes Evangeliums beschreibt: »Am Anfang war das Wort und das Wort war bei Gott und Gott war das Wort. Dieses war im Anfang bei Gott. Alles ist durch dasselbe geworden und außer durch dieses ist nichts von dem Entstandenen geworden. In diesem war das Leben und das Leben war das Licht der Menschen und das Licht schien in die Finsternis, aber die Finsternis hat es nicht begriffen.« Einige Verse weiter heißt es dann: »Und das Wort ist Fleisch geworden und hat unter uns gewohnt und wir haben seine Doxa, seine Wesenserstrahlung geschaut, die Wesenserstrahlung von dem einigen Sohn des Vaters, erfüllt von Hingabe und Wahrheit.« Heute naht sich Christus dem Menschen in allem, was zu ihm spricht, also in allem, was wir im zweiten Kapitel geschildert haben. Genauso kann er in allem wirken, was zwischen den Menschen geschieht im Sinne des Wortes: »Wo zwei oder drei in meinem Namen versammelt sind, bin ich in ihrer Mitte« – bin ich zwischen ihnen. Wo Menschen zu etwas Lebendigem eine Beziehung aufnehmen, ist er zwischen dem einen und dem anderen. Und er lebt in der Pause, in dem Freiraum, den der Mensch ihm ermöglicht. So lebt er auch in der Ohnmacht und in allem schöpferischen Tun des Menschen.

Und alle diese Wirkensbereiche Christi sind durchzogen von seinem göttlichen Liebewesen.

Man kann natürlich einwenden, dass es heute, ohne dass Christusqualitäten gepflegt wurden, zahllose Berichte von Engelerlebnissen gibt. Der Büchermarkt ist überschwemmt davon. Ebenso von Berichten über Nahtod-Erfahrungen. Aber diese Erlebnisse sind für die betroffenen Menschen einmalig und schicksalsbedingt. Sie dienen dazu, in der Menschheit das Bewusstsein zu wecken, dass es eine übersinnliche Welt gibt. Und das ist nach Jahrhunderte anhaltendem Materialismus an der Zeit, wenn die Menschheit ihre Mission nicht verpassen will, wenn sie sich und die Erde nicht, gegen die Weltenordnung handelnd, vernichten will. Das Aufwachen ist der erste Akt auf der Bühne des heutigen Menschheitsdramas. Dann muss mit den im Menschen vorhandenen Christuskräften gelebt, gearbeitet, verwandelt werden. Und weil Christus im irdischen Menschentum lebt, ist er uns heute näher als die unirdischen Engelwesen, die uns nur vom Übersinnlichen herein inspirieren, schützen und begleiten können, wenn wir sie zulassen. Als eine aufgeklärte Theologin hörte, dass ich das Wort Engel aussprach, sagte sie entsetzt: »Engel, das haben wir doch hinter uns.« Ich erwiderte: »Ich glaube, das haben wir noch vor uns.« Die Theologin wird mit dieser Einstellung keine Engelerfahrung machen, denn die Engel achten ihre Freiheit und sie brauchen die Substanz menschlichen Vertrauens, menschlicher Offenheit zum Übersinnlichen, um sich darin erlebbar zu machen.

Mit Christus ist jeder Mensch verbunden, dadurch, dass er Mensch ist, auch wenn er es nicht merkt. Die Engel müssen von uns eingelassen werden. Für die Beziehung des Menschen zu ihnen gilt das Christuswort: Ich bin die Tür. Durch diese Tür darf Mensch zu Mensch und dürfen auch die Engel zum Menschen eintreten.

Auf meine Fragen wurde meine Auffassung durch Engel einmal so bestätigt: »Der Mensch pflegt, sehr vielfältige Verhältnisse zu seinem Engel zu haben, von gar keiner bis zur Kommunikation. Je sensiver und bewusster ein Mensch lebt, desto mehr Einfluss kann ein Engel auf ihn haben. Wegbegleiter ist seine Aufgabe. Christus erfährt bei den Menschen eine größere Akzeptanz als die Engel. Der Engel bleibt im Geistigen und nimmt das Seelische und Geistige des Menschen wahr. Die Engel befolgen ihre Gesetze. Diese Gesetze werden von oben nach unten gegeben. Ja, die Engel sind für Seele und Geist zuständig und Christus lebt das irdische Leben der Menschen mit.«

Teil II

Wie meine Engelsbeziehung begann

Erste Gespräche

Eines Tages wurde ich von einer viel jüngeren Frau um ein Gespräch gebeten. Sie hieß Agnes. Agnes wollte das Urteil der Älteren hören über ganz neue Erfahrungen, die sie seit einem Jahr habe. Sie wollte wissen, ob sie das ernst nehmen dürfe, was sie damit machen solle? Für sie selber sei es eigentlich klar, aber sie brauche ein Urteil darüber von außen. Dann erzählte sie, dass sie übersinnliche Wahrnehmungen habe und die Engel sähe, gerufen und oft auch ungerufen. In der Weihehandlung der Christengemeinschaft sähe sie, wie eine Mandorla aus Licht sich auf die Gemeinde senkte und auch auf jeden Einzelnen. Sie nennt das »Segen«. Sie sähe rechts und links vom Altar zwei Engel wie Wächter. Bei der Kommunion sähe sie Schutzengel der Menschen. Fast immer leuchtete in der Weihehandlung die Hostie auf. In der Christengemeinschaft sei die Atmosphäre während der Messe friedvoller als in der katholischen Kirche. Aber der Segen ließe sich auch dort auf die Menschen herab. Auch bei einem unwürdigen Priester würden die Engel die Gemeinde segnen. Ein Engel sei mit einer Waage zu ihr gekommen. Auf der einen Seite sei die katholische Kirche, auf der anderen die Christengemeinschaft gewesen. Sie waren im Gleichgewicht, denn es zähle die Hingabe der Gläubigen und nicht das abstrakte Wissen. Die Weihehandlung sei unter anderem auch Nahrung für ihren Ehe-Engel. Der leuchte danach besonders. Es gäbe sehr viele verschiedene Engel. Obwohl sie nicht geschlechtlich seien, haben sie doch mehr männlichen oder weiblichen Charakter. Sie meinte, sie habe diese Fähigkeiten nicht um ihretwillen erhalten. Sie sei bei diesem Schauen voll bewusst und könne unterscheiden, was sie selber denke von dem, was ein Engel ihr durch Gedanken und Bilder sage.

Ich fragte Agnes, ob es anstrengend sei, das Übersinnliche in unsere Sprache zu bringen. Sie sagte, es ginge darum, den anderen Bewusstseinszustand herzustellen und nichts Eigenes hineinzumischen. Das verlange Konzentration, aber es sei nicht besonders anstrengend. Dennoch bedarf es einer intensiven Vorbereitung und »inneren Reinigung«.

Für mich war es klar, dass hier ein Mensch zu mir sprach, der vollkommen gesund war, mit beiden Beinen auf der Erde stand und zu denen gehörte, von denen Rudolf Steiner schon zu Anfang des Jahrhunderts sprach, dass sie kommen werden als die ersten Zeugen eines Bewusstseinswandels in der Menschheit.

Agnes lebt auf dem Land, hat eine Familie, übt einen Beruf aus, führt ein Leben wie ein moderner Mensch. Schon viele Jahre pflegt sie die Meditation. Ich bestätigte ihr die Wahrheit ihrer Erlebnisse. Als sie gegangen war, kam mir die Frage in den Sinn, ob ich wohl einmal mit diesem Menschen zusammenarbeiten sollte?

Ein halbes Jahr später meldete sich Agnes bei mir. Sie sagte, der Gemeindeengel wolle mich sprechen. Ich ging mit ihr in die Kapelle und empfing dort Botschaften, die mir zeigten, wo die Gemeinde auf dem rechten Wege war und wo sie noch vieles zu ändern und zu lernen habe. Die Nähe des Engels war für mich, ohne ihn zu sehen, deutlich spürbar. Es war eine ergreifende Stunde, die sich auf alles, was noch kommen sollte in meinem Leben, auswirkte. Die Vermittlung der Worte des Gemeindeengels durch Agnes geschah in vollem Wachbewusstsein, also nicht in Hypnose, in Trance, in »Channeling«. Wie es heute oft geschieht und es sehr unklar ist, wer da durch ein Medium spricht. Elisabeth Kübler-Ross schildert z.B. solch einen Fall, den auch sie nicht erkannt hat (»Das Rad des Lebens«). Auch spiritistische Erscheinungen darf man nicht mit wahrer Geistbegegnung verwechseln. Geistige Wesen wollen nicht materiell, sondern geistig wahrgenommen werden. Durch Meditation und Gebet kann sich der Mensch in ihre Sphäre erheben.

Meditation ist eine Erhöhung des Tagesbewusstseins, ein Erwachen auf einer höheren Ebene. Seit dieser ersten Begegnung blieb meine Verbindung zu den Engeln erhalten.

Gemeindeengel von Moskau

Als ich einmal vor einem Besuch in der Moskauer Gemeinde stand, die von mir betreut wurde, fragte ich, ob der Moskauer Gemeindeengel mir etwas sagen wolle. Die Antwort war ungeheuer stärkend für meine Arbeit dort. Es hieß, ich würde in Moskau mit großer Freude von Engeln empfangen. Der Moskauer Gemeindeengel hieße »Guter Wille« und sein Diener »Goldenes Licht«. Er habe noch viele Engel als Mitarbeiter. Wenn irdisch gesehen auch alles noch unscheinbar und schwach zu sein scheine, so sei doch all meine bisherige Arbeit dort ein Aussäen auf guten Boden. Die Engel pflegen diese Keime. Sie werden viel später aufgehen, aber jetzt muss gesät werden. Ich solle auf die Zeichen achten, die ich in Moskau von den Engeln erhalten würde. Als ich am ersten Tag meines Aufenthalts in Moskau mit der Metro fuhr, fiel mein Blick auf einen Spruch, der über dem Fenster hoch oben in russischer und englischer Sprache angebracht war. Übersetzt lautete er:

»Es ist so leicht, Engel zu missbrauchen. Sie zeigen ihr offenes Gesicht, wie ein Blinder. Sei behutsam. Sie erwarten das. Das genau ist das Geschenk der Engel, wenn sie unsereinen besuchen.«

Im Original: »It is so easy to abuse an angel. They show their open face like the blind. Be couteous. They expect it. That precisely is the gift of angels visiting our kind.«

Ich war tief betroffen. Ich hatte geglaubt, nichts von dem großen Empfang durch die Engel bemerkt zu haben, der mir verheißen worden war. Nun bekam ich dieses Zeichen und das ausgerechnet in der Moskauer Metro. Die ganze Zeit in Moskau war für mich, im Gegensatz zu früher, völlig ohne Spannung und reich an geistiger Substanz. Kurze Zeit nach meiner Rückkehr bekam ich eine Mitteilung der Engel, die ausschnittweise wiedergegeben werden mag. Zunächst wurde mir gesagt, ich habe in Moskau längst nicht alles bemerkt, was für mich vorbereitet worden war. Das sei mehr persönlicher Art gewesen. Der Gemeindeengel mit seinen Helfern sei aber sehr glücklich über das, was in der Gemeinde entstanden sei.

Die Engel wenden sich an mich

Wieder eine Weile später wurde ich angesprochen von Engeln. Es geschah zwar durch Agnes' Vermittlung und wurde doch ganz unmittelbar erlebt: »Wir treten mit Ihnen in Verbindung zu unser aller Freude. Das Letzte, was wir wollen, ist Kritik üben.« Dann kam eine Schilderung meines Wesens, in der ich mich voll wieder erkannte. Dann die Aufforderung: »Notieren Sie alle Ihre Fragen. Wir können um Ihrer selbst willen nicht alle beantworten. Aus manchem müssen auch wir uns zurückziehen und es dem Weltenlauf und höheren Mächten überlassen. Aber Sie prüfen die Fragen ja ohnehin durch Ihr Gewissen – und dann prüfen wir Sie. Dumme Fragen beantworten wir nicht. Auch zeitliche Fragen nicht – denn Zeit spielt für uns eine andere Rolle. Ich bitte Sie, nehmen Sie die Gelegenheit wahr. Wir haben darauf gewartet und hingearbeitet. Es sollen Dinge, die Sie interessieren und die zu aller Wohle sind, nicht ungefragt bleiben. In diesem Sinne möchten wir Sie ermuntern. Agnes wird nicht über Gebühr beansprucht.«

Von nun an begann eine reiche Zusammenarbeit. Aber für alle Botschaften musste ich selber durch ausgesprochene, manchmal auch unausgesprochene Fragen die Voraussetzung geschaffen haben. Freiheit ist für den Umgang der Engel mit Menschen das Prinzip.

Zeitgemäßes und Nicht-Zeitgemäßes

Trancemeldungen sind nicht zeitgemäß

Ich hatte schon lange die Gepflogenheit, die Berichte von übersinnlichen Erlebnissen, die es heute in Fülle gibt, zu prüfen, weder von vornherein abzulehnen noch anzunehmen. Einen solchen Fall legte ich den Engeln als Frage vor. Die Antwort lautete:

»Sie haben völlig richtig erkannt, dass dieses Buch Unfug ist. Trance ist ein verschwommenes Mittel. Man sollte nicht damit arbeiten. Der wahre Geist verlässt den Körper, und es kann leider jeder Schabernack damit treiben. Es gibt einige wenige Menschen, die nur im Trance Engel empfangen können. Das hat aber mehr mit ihrer eigenen seelisch-körperlichen Verfassung zu tun. Das ist schwierig zu beschreiben. Diese Menschen waren auserwählt, Mittler zu sein, aber sie sind zu schwach. Sie konnten es körperlich und geistig nicht ertragen, mit uns direkt zu sprechen. Die innere Zentriertheit ist wichtig. Doch lassen Sie sich nicht beirren. Trancemeldungen gehören nicht mehr in diese Zeit. Der Geist muss im Körper sein. Das ist das Wichtigste. Der Geist muss wach sein. In Trance verlässt der Geist den Körper und legt sich schlafen. Das kann nicht richtig sein.«

Reaktionen auf Engelsbotschaften

So wie es für die Menschheitsentwicklung unzeitgemäße Verbindungen zu geistigen Bereichen gibt, so gibt es das auch in der Entwicklung einzelner Menschen. Ich sprach nur mit sehr wenigen, mir befreundeten Menschen über diese neue Engelbeziehung. Einige reagierten skeptisch darauf. Einige baten, auch einmal Fragen stellen zu dürfen. Ich gab diese Frage weiter. Die Antworten darauf waren verschieden. Im ersten Fall wurde gesagt:

»Diese Frage hat mit dem ganz persönlichen Karma des Fragenden zu tun. Er braucht dieses Problem und muss selber damit zurecht kommen. Wir geben keine Antwort.«

Im zweiten Fall wurde gesagt:

»Nur ein reifer, runder Mensch kann mit uns in Verbindung treten. Unsere Antworten würde dieser nicht verkraften. Wir halten den Spiegel vor und stellen auch Forderungen. Es ist nicht immer erfreulich, mit uns zu verkehren.«

Im dritten Fall hieß es:

»Dieser Mensch ist ein Engelgeführter. Eine andere Beziehung zu uns ist zu viel für ihn und auch für uns.«

Ehe

Auf die Frage, ob die Ehe unauflöslich sei:

»Es sollte abgewogen werden. Eine klare Antwort, also ein Ja oder Nein direkt gibt es nicht. Es ist wirklich von Fall zu Fall neu zu entscheiden. Scheidung und neue Ehe sind in manchen Fällen notwendig, aber wann, wissen nur die höheren Kräfte. Es ist sehr sehr schwierig für Seelsorger, da einen Rat oder eine Richtlinie zu geben. Die heutige Zeit gibt jetzt, im Gegensatz zu früher, die Möglichkeit, mehrere karmische Vergangenheitsverbindungen zu durchleben. Deshalb gibt es jetzt – im Gegensatz zu früher – wechselnde Liebesbeziehungen, mehr Scheidungen usw. Jedoch zu große ›Leichtlebigkeit‹ soll das nicht bedeuten. Absolut nicht! Es gibt sehr viele Grenzfälle mit schmerzhaften Entscheidungen. Auch das paßt in diese Jahrtausendwende. Die Trennung und das Eingehen einer neuen Beziehung hat mit menschlicher Freiheit ganz und gar nichts zu tun. Nur wenn man seinen geistigen Gegenpol findet, kann man frei sein. Ansonsten ist man gefesselt von wechselnden Schwächen. Das ist vielen Menschen unklar. Was ist überhaupt menschliche Freiheit? Das wäre ein eigenes Kapitel.

In dieser jetzigen schwierigen Übergangszeit gelten alte Gesetze. Man kann für diese kurze Phase keine neuen Gesetze erlassen. Das ist eine Diskrepanz. Zu den alten Gesetzen muss die Menschheit selbst wieder finden. Und gerade nach dieser jetzigen turbulenten Zeit findet sie sie wieder. In der jetzigen Zeit ist die Ehe auflösbar, doch diese Zeit der vielen Ehebeziehungen wird ihr Ende finden.«

Entscheidungen müssen Menschen selber treffen

Eine Russin, die große Verantwortung zu tragen hatte und vor schwerer Entscheidung stand, ließ fragen, ob sie Entscheidungshilfe erbitten dürfe. Spontan sah Agnes ein verneinendes Kopfschütteln. Später bekam sie diese Botschaft, um sie weiter zu vermitteln: »An B.R. Es stimmt nicht, dass wir dir keine Auskunft geben. Wir freuen uns über jeden Menschen, der uns um unsere Auskunft bittet. Nur wesentliche menschliche Entscheidungen dürfen wir nicht für die Menschen treffen. Die Menschen sollen nach innen hören und wissend erahnen, was gegeben, was werden soll. Wir sehen deine große Mühe und unterstützen dich, wo immer wir können Aber vergiss nicht: wir sind ›nur‹ Engel. Wir bewegen nur die geistigen Dinge, nicht die menschlich-weltlichen. Lass dir gesagt sein: höre in dich rein. Und wenn du hörst: ich brauche mehr Ruhe, dann nimm dir mehr Zeit für dich. Sonst wirst du krank. Hör auf dein inneres Rufen. Es ist uns sehr wichtig. Innere Verständigung läuft so ab. Du hörst nur in dir selbst. Also höre!
Wir sind bei dir
Immer.
Vergiss das nicht! Deine Engel.«

Das universelle Gedächtnis

Es sind nur wenige Menschen, denen die Engel auf ihre Fragen direkte Antworten zukommen lassen. Sie enthalten dann meistens auch eine allgemein gültige Unterweisung. Jemand erzählte den Engeln, dass in seiner Dorfgemeinschaft eine Frau etwas erlebt habe über angebliche frühere Erdenleben, was eng mit Jesu Leben und Passion zu tun habe. Sie sagte auch, dass die meisten Menschen im Dorf als Essener gelebt hätten. »Ist das wahr?« fragte er. Die Antwort war: »Du hast nicht zu Jesu Zeiten auf Erden gelebt. Auch die anderen im Dorf haben dieses kurze Leben Jesu nicht begleitet. Was die Frau sieht, nennt man das universelle Gedächtnis. Das heißt, alles, was geschehen ist, jetzt geschieht und geschehen wird, ist aufbewahrt. Man kann darauf zurückgreifen. Man sieht das ganze dann als eine Art Beteiligter, als sei man mitten im Geschehen. Aber man ist nicht wirklich da, niemals körperlich da gewesen. Auch hier gibt es viele Differenzierungen. Manchem wird es von uns als Traum gezeigt. Manchen wird es verwehrt, weil es noch zu früh ist. Manche haben Zugriff zu allen Informationen, weil sie diese bewusst erleben, verarbeiten, gebrauchen, aufnehmen. Es gibt noch viel mehr Varianten, die dieses universelle Welten-Gedächtnis betreffen. In diesem engen Kreis deiner Dorfgemeinschaft waren einige in Glaubensgemeinschaften, in späteren Abspaltungen der Essener oder anders ausgerichteten Sekten. Das ist nicht bedeutend. Diese Frau hatte zu Jesu Zeiten eine andere Funktion. Sie war nicht inkarniert. Für diese Frau ist es sehr schwierig, die Informationen, die sie bekommt, richtig zuzuordnen.«

Reinkarnationsfragen

Es wurde die Frage gestellt, ob eine bekannte Schriftstellerin in ihrem letzten Leben Anne Frank gewesen sei, wie sie selbst von sich meint. Mit einer entsprechenden Veröffentlichung hatte sie großes Aufsehen und heftige Diskussionen verursacht. Sie war als Kind mit ihren Eltern zu Besuch in Amsterdam. Sie zeigte diesen alle Orte, an denen Anne Frank gelebt hatte, ohne je vorher dort gewesen zu sein. In einem ihrer Bücher schildert sie später, wie sie heute von bestimmten Menschen durch Hetzkampagnen und Verleumdungen gequält wird. Am Ende erfährt sie durch einen Traum, dass diese Menschen, die ihr seelisch so furchtbar zusetzen, im vorigen Leben ihre KZ-Schergen waren. Die Engel sehen das ganz anders. Ihre Antwort war: »Diese Frau ist nicht Anne Frank gewesen. Es gibt ungeborene Menschenseelen, die einen Menschen in großen Schicksalsnöten vom Geistigen aus begleiten. Sie erleben alles so tief mit, als beträfe es sie selbst. Solch eine Seele war diese Frau. Sie hatte sich vorgeburtlich tief mit Anne Frank verbunden und fühlt sich darum heute mit ihr identisch.«

Die Engel erklärten auch Folgendes:

»Viele Menschen, die sich heute als wiedergeborene Holocaust-Opfer fühlen, waren es nicht. Es gibt ein Weltgedächtnis, in das Menschen heute Einblick erhalten. Viele meinen dann, sie seien es selbst gewesen, die das, was sie da sehen, erlebt haben. Es fehlen ihnen die rechten Begriffe dafür. Die Holocaust-Opfer sind keineswegs heute schon so zahlreich wieder da. Ihr Wiederkommen wird sich auf lange Zeiträume verteilen. Die Menschheit würde so viel schweres Karma zugleich gar nicht verkraften können.«

Zum Holocaust sagten die Engel noch: »Es gab zu allen Zeiten und gibt es noch an vielen Orten der Welt solche schauerlichen Verbrechen an Menschen. Aber was in Deutschland geschah, war eine zweite Kreuzigung Christi.« Agnes sah dazu viele tödliche Pfeile auf der ganzen Erde. In Deutschland sah sie ein bis in den Himmel ragendes Kreuz.

Wahres Karma und Rückführungspraktik

Einer fragte nach karmischen Hintergründen seines jetzigen Lebens und bekam die Antwort:

»Wir haben in bestimmte Erdenländer Seelen geschickt. Du musst dir vorstellen, dass von oben ein Plan gemacht wird. Wer wird in welches Land geschickt? Wo ist welcher Entwicklungsstand, welches Bewusstsein? Wer von den Seelen muss mit welchen Seelen wieder zusammentreffen? In welchem Land sind für ihren Karmaausgleich die besten Bedingungen? Und auch weiterentwickelte Menschenseelen haben in der geistigen Welt ein ›Mitspracherecht‹. Man kann in Erdenworten das nicht sagen, nicht erklären. Unsere Gesprächsweise ist so sehr anders.

Du möchtest jetzt genau eine Inkarnation von dir erzählt bekommen. Ja, es gibt natürlich welche. Du weißt es. Aber mit so etwas spielen wir nicht. Du kannst ruhig fragen. Und wenn die Zeit da ist, kommen wir auf dich zu. Es ist wie bei Kindern, die Weihnachten nicht erwarten können.«

Durch solche Botschaften erfahren wir sehr viel Grundsätzliches, z.B. dass nicht alles, was heute als Rückschau in frühere Erdenleben geschildert wird, was hellsichtig oder in Rückführungspraktiken als eigenes, früheres Leben angeschaut wird, so sein muss, dass es sehr viel Verwechslungen auf diesem Gebiet gibt, dass gar nicht jeder, der in den Bereich des Weltgedächtnisses vordringt, reif ist, damit sinngerecht umzugehen. Wir erfahren auch, dass die Frage nach früheren Inkarnationen kein Spiel ist. Und noch etwas sehr Grundsätzliches wird uns klar gemacht. Es ist sehr schwer, die Botschaften der Engel in Menschensprache zu übertragen. Wenn es nicht durch ein unbewusstes Schreibmedium geschieht, was die Engel für die heutige Zeit ablehnen, sondern im bewussten, wachen Zustand vermittelt werden soll, können sich die Engel nur der Sprache, der Bilder, der Seelenmöglichkeiten des Menschen bedienen, sich dareinkleiden, durch den sie sich kundtun wollen. In dem Fall von Agnes ist es ein Mensch, der zwar spirituell offen und interessiert ist, aber in keine Geistesströmung oder Religionsgemeinschaft eingebunden ist. Sie ist ganz und gar ein Kind unserer Zeit, nimmt an allem äußeren Geistgeschehen und Zeiterscheinungen genauso Anteil wie an den geistigen Vorgängen, die sich heute der Menschheit immer mehr auftun wollen. Dass die Engel in vielem zurückhaltend sind, zeigt jetzt, dass ihre Mitteilungen nicht den geringsten Sensationscharakter haben wollen, wie so vieles heute auf diesem Gebiet. Dass trotzdem einiges davon hier veröffentlicht wird, wollen wir im letzten Kapitel erklären. Es geschieht auf ihren eigenen Wunsch.

Verschiedene Beziehungen zur Engelwelt

Einmal erklärten mir die Engel, warum Agnes diese Fähigkeit habe, ich und andere, die sicher damit zeitgemäß umgehen würden, nicht. Sie sagten, vor der Geburt würde jeder Mensch mit seinem Engel die ihm entsprechende Weise, auf Erden mit ihnen zu verkehren, beschließen. Allerdings gibt es in dem jetzigen Zeitalter noch wenige, die mit ihrem vorgeburtlichen Entschluss verbunden bleiben. Dazu sagten die Engel einmal Folgendes:

»Die Engel sind die Führer der Menschen. Klug der, der das erkennt. Der Weg erscheint oft unbeleuchtet und nutzlos. Aber das Ziel erklärt alles. Das Band, das uns mit den Menschen verbindet, ist oft sehr dünn und voll großer Trauer. Die Menschen hören uns nicht mehr. Darum ist die Aufgabe jetzt, dass das Bewusstsein sich zum Übersinnlichen erhebt. Wir müssen für die Menschen wieder gegenwärtig sein. Anders haben die Menschen keinen Weg. Sie verirren sich. Warum nehmen uns manche Menschen als Gedanken und Ideen wahr? Andere sehen und hören uns? Das Zulassen, Sehen- und Hören-Wollen, das Karma, alles spielt zusammen. Wir machen uns unsichtbar, um nicht zu sehr zu verwirren. Nicht jeder erträgt ständig ›sichtbare‹ Engel um sich. Auch Agnes hätte diese Erlebnisse nicht früher haben dürfen. Sie hätte damit nicht umgehen können. Irene, die durch Agnes mit uns in Verbindung getreten ist, hat vor der Geburt mit ihren zu ihr gehörigen drei Engeln beschlossen, ein Leben ohne Hellsichtigkeit zu leben. Sie wollte eintauchen in das Erdendasein und erfahren, wie heute ein Mensch mit Engeln verbunden bleiben kann, ohne sie zu schauen. Sie hat keinen Fuß in die Tür zu uns gestellt, sondern die Türe ganz zugehen lassen. Sie und wir haben uns versagt, dass sie direkt und sehend mit uns kommuniziert.«

Entstellte Engelsbotschaft

Einmal bekam ich ein Buch in die Hand, in dem durch eine Frau Engelsbotschaften an andere Menschen vermittelt wurden. Einiges schien mir ähnlich zu sein, wie die Botschaften, die ich durch Agens empfing. Aber durch das ganze Buch zog sich deutlich eine bestimmte Absicht. Es sollte den Leser von einer bestimmten Weltanschauung überzeugen und ihm die Bedeutung ihrer Vertreter und Repräsentanten nahe bringen.

Ich fragte, was die Engel davon hielten. Die Antwort war: »Es gibt Kapitel in diesem Buch, die wir lieber als leere Seiten sehen würden. Die sind leider kein Engelwort, sondern eigene Interpretation der Verfasserin. Ja, das ist immer die Gefahr, dass sich persönliche Meinung unterschiebt. Wie kann das passieren? Man sollte nur so lange schreiben, wie die Konzentration vorhanden ist, immer wieder überprüfen und nachfragen. Aber wenn man in einer Richtung taub ist, ist man da auch blind. Und dann passieren diese Fehler. Wenn wir als Urheber des ganzen Buches zitiert werden, ist das einfach falsch.«

Ich fragte zurück, warum die Engel sich überhaupt einem solchen Menschen kundtun? Da erfuhr ich, dass schon im Vorgeburtlichen zwischen dem Menschen und den Engeln beschlossen wird, dass sie zu ihm sprechen werden und er die Wahrnehmungsfähigkeit dafür haben wird. Aber die Menschen verhalten sich oft entgegen diesem Entschluss. Das geschieht ja auch in anderen Zusammenhängen. Wie oft verhält sich ein Mensch entgegen dem, was er vor der Geburt mit seinem Engel beschlossen hat. Die Folgen von solchen Abweichungen müssen getragen werden. Aber die Engel bleiben ihrem Beschluss treu mit dem Risiko, dass der Mensch seine Freiheit missbraucht und den eigenen Entschluss vergisst und umbiegt.

Ich musste an den Spruch in der Moskauer Metro denken, der mit den Worten begann: »Es ist so leicht, einen Engel zu missbrauchen.«

Freiheit und Notwendigkeit

Einmal bekam ich durch Agnes einen Auftrag, etwas sehr Unangenehmes einem Menschen, der mir lieb war, mitzuteilen und einen Verzicht dieses Menschen zu veranlassen. Es fiel mir sehr schwer. Da wurde mir gesagt: »Sie müssen sich mit Sachen herumschlagen, die Ihnen unangenehm sind. ›Warum muss ich mich um so etwas kümmern?‹, denken Sie. Ja, bestimmte Dinge liegen in Ihrer Hand, und wenn Sie unseren Rat erbitten, geben wir ihn Ihnen. Jetzt gefällt er Ihnen nicht. Sie müssen ihn auch nicht befolgen. Aber seien Sie froh, dass solche Sachen passieren. Nur so lernt man Menschen kennen. Das war es doch, was Sie immer gewollt haben.«

Wie Agnes die Engel wahrnimmt

Als ich Agnes fragte, wie es vor sich geht, wenn sie Engel wahrnimmt, schrieb sie mir:
   »Wenn ein Engel wahrgenommen werden will, fixiert er mich. Ich bemerke es, wie wenn ein Mensch mich fixiert. Man blickt von seinem Buch, seiner Arbeit hoch und schaut in die Richtung, von der der Blick kommt. Ich merke, es ist da jemand im Raum, weiß aber, bevor ich mich umdrehe, nicht, ist es ein Engel, drei Engel, mein verstorbener Vater, die Lehrerin meines Sohnes oder sonst wer. Die Anwesenheit ist spürbar, wie die Anwesenheit von leiblichen Menschen. Die Engel vermitteln Weisungen. Sie sind Botschafter. Es war einmal ein Erzengel anwesend. Da ist die Luft so dicht, so angefüllt, dass einem Angst wird. Man hat das Gefühl, erdrückt zu werden, nicht mehr atmen zu können. Es waren auch schon Mutter-Gottes-Wesenheiten da. Das sind ›Mitarbeiter‹ von ihr. Ich hätte Furcht, sie wirklich zu schauen. Ich habe das Gefühl, das ist eine Ebene, auf die ich mich nicht erheben kann.
   Wie schaut man?
   In der täglichen Meditation kommen Engel erklärend, um Hilfe bittend, schimpfend. Wenn man allein ist in sehr ruhigen

Momenten, nimmt man sie sehr gut wahr. Wenn man es zulässt, sind sie immer gegenwärtig. Das klappt am besten, wenn man allein in Urlaub fährt. Engel haben eine sehr unterschiedliche Ausstrahlung und auch verschiedenes Aussehen. Der Gemeindeengel unseres Dorfes ist eine Kuppellichtenergie. Sie haben weibliche oder männliche, auch kindliche Ausstrahlung. Und man weiß meist sofort, mit wem man es zu tun hat. Man erkennt sie auch wieder.«

Engel sehen Menschen anders als wir

Bei den Gesprächen, die Agnes mir mit den Engeln vermittelte, geschah es immer wieder, dass, je nach dem Inhalt der Frage, ein anderer, dafür zuständiger Engel gerufen wurde. Der führende Engel unserer Zeit, Michael, ist fast immer dabei, auch im Gottesdienst der Menschenweihehandlung. Vor ihm fürchtet sie sich nicht. Er gehört zu den Fragen, die beantwortet werden, dazu.

Man sieht an dieser Darstellung, dass nicht nur Engel und Verstorbene im geistigen Bereich wahrgenommen werden, sondern auch das geistige Wesen im Leibe lebender Menschen. Auch sie kommen manchmal Hilfe erbittend zu ihr, ohne dass diese selber in ihrem Tagesbewusstsein etwas davon wissen. Und wenn ihnen Engelshilfe zuteil wurde, bedanken sie sich und verschwinden wieder aus Agnes' Wahrnehmung. Man versteht aus dieser Beschreibung, dass der Gruß, mit dem ein Engel bei Menschen eintritt, immer lautet: Fürchtet euch nicht. Der Gruß des Christus dagegen lautet: Friede sei mit euch. Nicht nach menschlichen Maßstäben wird entschieden, ob einem Menschen bewusste Verbindung mit Engeln zuteil wird. Es hängt nicht davon ab, wie gut oder schlecht einer meditiert, betet, geistige Übungen macht. Die Übungen wirken gerade dann auf das Schicksal des Menschen, wenn er sie nicht um irgendwelcher Wirkungen, Erfolge, Höherentwicklungen willen macht.

Von einem Menschen, der meinte, er sei so schwach in allen geistigen Übungen, sagten die Engel, sie könnten mit ihm Verbindung aufnehmen, weil sein ganzes Leben Gebet gewesen sei. Wenn er an einen Menschen sorgend oder liebevoll gedacht habe, sei das schon Fürbitte gewesen. Nur die Engel selber wissen, wann ein Mensch aus seinem Karma heraus reif ist, bewusste Verbindung zu ihnen aufzunehmen. Sie begrüßen es sehr, wenn ein Mensch die Herkunft und den Inhalt ihrer Botschaft gründlich prüft. Sie verlangen auch nicht blinden Gehorsam. Diese Methode gehört zu ihren Gegenspielern, die ihnen die Entwicklung der Menschheit zu ihrem gottgewollten Ziel streitig machen wollen. Jeder, der seine Freiheit bewahrend sich ihnen zuwendet, hat in irgendeiner Weise ein Evidenzerlebnis, das durch keinen Zweifel getrübt werden kann. Es ist also möglich, in der Flut übersinnlicher Erlebnisse, die heute mitgeteilt werden, die Geister zu unterscheiden.

Fragen, für die besondere Engel zuständig sind

Das Verhältnis zu Elementarwesen

Ich fragte, ob ich daran arbeiten solle, die Elementarwesen, die ich fühlend wahrnahm, zu sehen. Es wurde der für diese Frage zuständige Engel des Englischen Gartens in München gerufen. Er sagte, ich hätte mir doch für diese Inkarnation vorgenommen, nicht geistig zu sehen. Außerdem sei das Wahrnehmen durch Hellfühlen den Elementarwesen viel gemäßer. Wenn wir sie in unsere eigenen Seelenbilder bringen, zwingen wir sie in eine tiefere Ebene als die ihre. Ihre sei zwischen der irdischen und der geistigen. Marco Pogacnik, mit dessen Wahrnehmungen und Erdheilungsberichten ich mich viel beschäftigt und mit dem ich persönlich gesprochen habe, kann sich auf ihre Ebene begeben und sie darum in lebendigen Linien darstellen, nicht zu fest. Er nimmt sie auch zuerst im Gefühl wahr. Ich solle es dabei belassen. Bilder würden auch mich einkasteln. Ohne Bilder sei ich freier im Erleben. Ich, der mir der Englische Garten schon einige Zeit ganz wesenhaft geworden war, freute mich, auf diese Weise mit diesem Wesen in ein konkretes Gespräch gekommen zu sein. Die Engel hatten mich schon früher einmal wissen lassen, dass es Landschaftsengel gibt, die nicht zu ihrem Wirkensbereich gehören, mit denen sie aber zusammenarbeiten.

Die apokalyptische Zahl 666

Auf die Frage, was es mit der Zahl aus der Apokalypse des Johannes auf sich habe: 666, die sich 1998 zum dritten Mal jährt, wurde ein besonderer Engel gerufen mit Namen Hieronymus. Er sagte:

»Dreimal 666, was hat das zu bedeuten? Geht von ihr eine

geistige Wirkung aus? Die Erdenwelt kann sich schützen, indem sie die Himmelswelten wahrnimmt. Wir treffen unsere Vorkehrungen – seit langem. Die Menschheit ist gelähmt, döst. Wir sind gewahr dieser Zahl. Die Zuspitzung einer Änderungssituation war ja bekannt. Warum auf einmal ein Geschrei? Alles so wohl bekannt.

Wie kann die Menschheit sich wappnen? Insbesondere ein Seelsorger? Indem er an uns glaubt, von unten uns bestärkt, die Kraft nach oben schickt. Es wird viel Kraft nötig sein, aber wir verfügen über gewaltige Kräfte. Der Kampf wird ausgetragen in anderen Sphären. Und die Erde bekommt die Wirkungen ab. Es liegt jetzt natürlich an der Menschheit, diese Wirkungen umzuwandeln, sich ihrer bewusst zu sein, erstarkt zu werden durch Gotteskraft. Es ist unwesentlich, wie der Gott genannt wird, zu dem die Menschen beten. Die Friedensgebete vermindern die dunkle Schicht außerordentlich. Nur leider ist das nicht jedem Menschen bewusst. Es sollte eine Zeit des Gebetes, der Verinnerlichung werden. Es ist nicht leicht, andere Menschen dazu aufzurufen. Sie sehen die Hilfe nicht, derer sie gewahr werden sollten.

Eine Rose hat Dornen, Blätter, Blüten, Keimlinge, Triebe. So wie die Menschen. Alles zusammen ergibt die Menschheit. Wir nehmen den Kampf nicht unvorbereitet auf. Wir wissen, was zu tun ist. Und ein Netz von Menschenseelenlichtern ist über den Erdball hin ausgespannt. Die Strahlung ist mächtig.

Dieser Kraft der Strahlung bedürfen wir.

Amen.

Ich werde mich zur gegebenen Zeit wieder verlauten lassen. Es freut mich, dass sich jemand dafür interessiert.«

Am nächsten Tag schrieb Agnes noch eine Erläuterung dazu: »Hieronymus hat Feuerhände. Das habe ich bei einem Engel noch nie gesehen. Sie haben eine feurige Ausstrahlung, ohne zu verbrennen. Eine große Schar Engel arbeitet unter ihm. Das war eine Art Vorstellung von ihm. Ich weiß zu diesem Thema sehr wenig, und ich denke, dass er bei speziellen Fragen antworten kann. Nur bin ich nicht der Mensch, diese Fragen zu stellen. Das sollten wir vielleicht einmal gemeinsam machen. Es macht mir manchmal einfach auch Mühe, diese Bilder in Worte zu fassen. Und ich denke mir, falls Sie sie sehen könnten, würde ihr Augenmerk sich auf andere Dinge richten. Aber ich denke mir, es wird schon irgendwie recht so sein, wie es ist.«

Es ist sicher recht, dass diese dramatischen Endzeiterwartungen, die sich für viele Menschen mit der Jahrtausendwende verbinden, korrigiert werden. Und ebenso recht, dass wir Menschen erfahren, was unsere Aufgabe, unser Beitrag, unsere Möglichkeit und Hilfe in diesem übersinnlichen Geschehen sein könnte.

Eine Gruppe von Menschen bemüht sich zurzeit, in dieser Richtung etwas zu tun. Sie versuchen, auf positive, Frieden bewirkende Vorgänge in ihrem Leben zu achten. Einmal im Monat treffen sie sich, versammeln sich um eine brennende Kerze. Jeder, der will, erzählt eine solche Begebenheit und zündet an der Kerze ein eigenes Licht dazu an. Dann werden noch anhand eines Weisheitsspruches Gedanken bewegt und mit dem Beten des Vaterunsers die Stunde des Friedens beschlossen.

Danach befragt, sagten die Engel:

»Diese Friedensstunden sollten unbedingt fortgesetzt werden. Sie sind weithin sichtbar. Eine Säule aus Licht. Sie nimmt für die Engel von den dunklen Wolken um die Erde einiges fort. Die Engel unterstützen das.«

Die übersinnliche Michael-Schule

Dass meistens von Engeln, nicht von *einem* Engel gesprochen wird, entspricht der Realität. So wie Hieronymus von einer Schar umgeben ist, die zu ihm gehört, so ist es auch bei anderen, die für ein Gebiet zuständig und dafür sprechend sind.

Es erfolgte einmal eine Botschaft von Michael und seinen sechs Helfern:

»Von den Dingen der Welt.

Die Hierarchien, die durch Menschen hier auf der Erde gebildet werden, werden in den höheren geistigen Welten festgelegt. So ist es kein Zufall, wer welches Amt inne hat. Er hat es sich erwählt, fühlte sich dazu berufen. Warum ist nur einer, dem es in seinem Amt so nützlich wäre, nicht hellsichtig, nicht auf die Art, wie es Agnes ist? Auch diese Gaben werden wohlweislich verteilt. Man kann öffentlich wirken. Man kann im Stillen wirken. Aber man kann nicht alles haben. In der Michael-Schule können sich die Seelen vor der Geburt nicht vorstellen, wie schwer es auf der Erde ist, die Verbindung zur geistigen Welt herzustellen, wie unendlich weit und wie luftleer die Strecke ist, die zu bewältigen ist. Wenn die Seele sich zur Inkarnation begibt, ist sie in einem so satten Licht, aber das verliert sich allmählich. Und auf einmal ist nichts mehr übrig, nur Ahnungen, Streiflichter, Andeutungen. Und die Zuversicht geht verloren. Niemand hier kann sich vorstellen, dass ein Menschenleben so weit weg ist von unserer Schule, von unserer Welt. Selbst unsere Schüler, die diesen Gedanken verinnerlicht, aufgesogen haben, haben in ihrem Erdendasein nur noch helle Nebelschleier. Doch diese Schleier gilt es zu manifestieren. Und wir Engel versuchen alles, Menschen dazu zu verhelfen. – Wenn sie es verkraften.«

In dieser Botschaft ist von einer Michael-Schule im geistigen Bereich die Rede. Der Erste, der davon sprach, war Rudolf Steiner. In ihr werden solche Menschen auf ihre Inkarnation vorbereitet, die im jetzigen Michael-Zeitalter sich im Erdenleben dem Geistigen öffnen wollen. In unserer Zeit, die unter der Führung Michaels steht, geht es darum, den Materialismus zu überwinden und das Leben auf und mit der Erde wieder als geistdurchdrungen zu erleben. Diese Entwicklung zu bewirken, ihr zu dienen, ist die Aufgabe derer, die vor ihrer Geburt der Michaels-Schule angehörten. Rudolf Steiner schildert Michael, den führenden Geist unserer Epoche, als das Wesen der kosmischen Intelligenz. Durch ihn wird das intellektuelle Denken des heutigen Menschen wieder fähig, sich im Lebendigen zu bewegen, das Materielle als eine Verdichtung, als Ende eines geistigen Prozesses anzuschauen. Nur ein verwandeltes menschliches Denken kann wieder das Übersinnliche einbeziehen. Dann bekommen übernommene Begriffe aus der Vergangenheit wieder Realitätscharakter, auch die religiösen wie Engel, Gott, Christus, Heiliger Geist.

Agnes sieht Michael so: zwei Dreiecke ineinander (Sechsstern) als Bild für den Heiligen Geist. In der Mitte steht Michael.

Empfangene Sätze

Manchmal empfängt Agnes einfach einzelne Sätze, die sie mir weitergibt, z.B.:

»Beherztheit hat nichts mit Courage zu tun. Es ist eine besondere Art von Gotterkennen. Wahrhaft beherzte Menschen gibt es wenige – und sie sind zumeist tief gläubig.«

»Das Leben ist keine Mühsal, es ist eine Chance.«

»Wenn sich Menschen Sorgen machen, drehen sich die Gedanken im Kreis. Man ist nicht mehr offen für die innere Stimme. Es ist egal, ob die Sorgen berechtigt, oder unberechtigt sind. Menschen, die sich selbst gut kennen, merken diese ›falsche‹ Verhaltensweise bei Sorgen, dieses Nerven-Verlieren und im Kreis-Denken. Darum sollte man Sorgen nur eine kleine Ecke einräumen, um frei zu sein für erlösende Gedanken.«

Antworten auf Fragen nach dem deutschen Volksgeist

Die folgenden Texte wurden, ohne dass die Absicht der Veröffentlichung bestand, so gut es ging, niedergeschrieben. Sie haben also Bruchstück-Charakter. Die Vermittlung an Agnes geschieht z.T. durch Bilder, z.T. durch Worte. Wir werden eine neue Mitteilung in neue Anführungszeichen setzen.

Der deutsche Volksgeist nach dem Dritten Reich

»Deutschland hat schon nach dem Ersten Weltkrieg den Einfluss von ganz Europa aufgenommen. Deutschland hat die ganze konfliktgeladene, dunkle Wolke von ganz Europa angezogen. Der Volksgeist war absolut verhüllt davon. Durch den Zweiten Weltkrieg wurden die Wolken zerfetzt, explosionsartig in andere Länder getragen. Der deutsche Volksgeist ist gesprengt worden. Als der Krieg vorbei war, war totes Land. Europa war ausgebrannt. Schwelende Brandherde. Die Deutschen suchen ihren Volksgeist. Es gibt ihn auf Erden nicht. Deutschland ist immer noch verbrannt. Der Volksgeist kann wieder kommen, aber die Erde ist noch nicht bereit. Es kann noch nichts entstehen. Deutschland ist wie nach einem Knall ganz still, immer noch. Man wartet. Er kann nur wiederkommen durch die Hinwendung zur geistigen Welt. Es gibt ihn, aber es ist noch nicht Zeit dafür. Ein Bild, als wäre eine furchtbare Zerstörung gewesen. Wenn der Volksgeist kommt, ist er wie neu, ein neuer Geist. Durch die Perioden, in denen er nicht da ist, wirkt er viel stärker in den geistigen Welten. Er kommt nur, wenn er empfangen wird. Dann wirkt er stark nach außen. Der deutsche Volksgeist ist heute hoch über Deutschland. Um den deutschen Volksgeist in seinem Volk zu wecken, bedarf es der hiesigen Menschen.«

Israel und der Deutsche Volksgeist

Eine andere Frage war, welche Beziehung zwischen Israel und dem deutschen Volksgeist bestehe:

»Beide Länder, Israel und Deutschland, hatten vom Anfang der Zeiten gleiche Klänge, gleiche Farben, gleiche Wärme, gleiche Erde aus derselben Substanz. Weil das von Anfang so war, ist das ganze Schicksal der beiden Völker so gelaufen. Das jüdische Volk war das erste im Licht. Die anderen waren noch im Schatten. Die Saat, die in das Land gesät wurde, war bei beiden die gleiche, aber das Keimen wurde bei den Deutschen länger zurückgehalten.

Die Welt wird sich noch sehr ändern. Es muss vieles erst gedacht, im Geiste geschaffen werden, damit es auf Erden geschehen kann. Die heutigen Menschen denken, es sei alles zu spät, die Erde stirbt. Aber Gedanken sind real und wirken verändernd.«

»Der deutsche Volksgeist ist durch die Explosion des Krieges und die Aggressionen gesprengt worden. Er schwebt über dem Land, wurde gesprengt und ist immer noch nicht da. Das Land ist, geistig gesehen, abgebrannt, verkarstet.

Die Frage, was Deutschland mit Israel zu tun hat, geht weit zurück. Jedes Volk hat eine eigene Bestimmung. Das Leid von Israel gehört dazu, die Vorbereitung für Jesus Christus. Alle Völker kommen aus einem Stamm. Israel und Deutschland sind ein Ast, der in zwei Teile gespalten ist. Gottgewollt haben sie sich verschieden entwickelt. Die gegenseitige Zuneigung verkehrte sich in Hass und Neid. Das ist nur eine umgekehrte Form der Liebe. Das Urmaterial der Urseele ist gleich. Trotzdem ist die Entwicklung ganz unterschiedlich. Die Geschichte beider Völker ist so verschieden. In Israel war die Ich-Entwicklung früher. Die Israeli haben die Blume, die Deutschen nicht einmal den Boden. Durch den Krieg wurde den Deutschen die Blüte genommen.

Was kann man tun, um es zu ändern?«

»Der Blütenstaub für die tief im Karst verborgenen deutschen Keime kommt aus Israel, das als Blume erscheint. Man kann das Zeitkarma Deutschlands nicht abkürzen. Es ist wie ein Dornröschenschlaf, der seine ihm angemessene Zeit hat.«

»Es ist eine dunkle Wolke über Deutschland, die den Volksgeist hindert. So lange die Sonne nicht durchkommt, kann nichts wachsen. Man kann die Wolke noch nicht wegschicken. Es ist alles noch so nahe.«

»Die vorige Generation, die irgendwie beteiligt war, lebt noch. Sie muss erst sterben, bevor die Wolke verschwinden kann Das ist ein Gesetz. Das gilt auch in anderen Ländern. Der Himmel verdunkelt sich, wenn es zu viel Leid und Tod gibt. Durch das vorher Nicht-Wachsein, nicht Spüren, was in der Luft liegt, wurde der deutsche Volksgeist missbraucht. Das eigene Volk hat sein Zersprengen zugelassen. Das wurde von einem großen Teil des Volkes befürwortet. Erst mit dem Fortgang der dunklen Wolke, die schon lichter wird, ist eine neue Entwicklung möglich. Im verkarsteten Boden steckt viel Leben und Kraft, aber ohne Sonne geht es nicht. Die Zeit ist noch nicht erfüllt. Erst im ersten Drittel des neuen Jahrhunderts wird es so weit sein. Es gibt schon die Menschen dazu in Deutschland, aber der Volksgeist ist noch nicht mit ihnen verbunden.«

Ein Jahr später ergänzten die Engel diese Mitteilungen über das Verhältnis von Deutschland zu Israel, indem sie, danach befragt, sagten, dass das heutige Israel nicht mit der Blume gemeint ist, die den in der verkarsteten Erde ruhenden Keim Deutschlands befruchtet.

Agnes sagte: »Ich sehe ein Land, das im Ungleichgewicht ist. Es ist nicht ausgewogen. Es fließt immer noch Blut. Das ist die jetzige Sicht. Es gibt aber das alte Israel zu Christi Zeit. Das auch nicht genau diese Grenzen gehabt hat. Das alte Israel war ganz anders. Es hat von jedem Weltenteil etwas beinhaltet, und zwar die Welt in konzentrierter Form. Das heißt, man hat eigentlich alles darin gefunden. Israel ist der Fleck, der als einziger alles beinhaltet. Darum war es die einzige Möglichkeit, dass Jesus dort geboren wurde. Nach Golgatha hat sich das geändert. Es war wie lauter Dinge, die überhaupt nicht zueinander passen. Die Harmonie war nicht mehr da. Die Dissonanzen waren zu sehen, wie wenn alles immer höher und tiefer würde. Es ist einfach keine Ebene mehr da. Aber das hat sich irgendwann wieder eingependelt. Es ist aber jetzt noch eine Bewegung da, eine scharfe. Es ist noch nicht im Gleichgewicht. Aber diese vielen kleinen Dinge, die gibt es jetzt nicht mehr. Es ist doch kompakt als ein Land zu sehen. Über diesem Land leben Seelen, die viele Male als Juden auf Erden gelebt haben, israelische Seelen. Diese Seelengruppe inkarniert sich in Deutschland, und durch diese Inkarnationen, durch diese Samen kann die Erde aufgerissen werden – das, was Deutschland so nötig hat. Das wird schon in naher Zukunft geschehen.«

Das 21. Jahrhundert

Frage: Worauf kommt es im 21. Jahrhundert an?

»Das hängt von den Seelen ab. Wie sie geistig wahrnehmen.«
»Michael als der heute führende Zeitgeist in der Engelwelt wäre froh, wenn er wüsste, wie es im nächsten Jahrhundert sein wird. Es kommt auf die Menschen an. Michael und die seinen haben einen sehr konkreten Plan, aber ob er eintritt, ist ungewiss. Es ist ein Kampf, der nicht in dieser Welt stattfindet, aber in sie hineinschwingt, wie ein Pendel. Wenn es in die richtige Richtung schlägt, kann die Erde fortbestehen.«

»Es legt sich ein Plan auf das kommende Jahrhundert. Der kann aber durch den Kampf in den Geisteswelten verschoben werden. Zu Beginn des letzten Jahrhunderts war es licht, wunderbare Zukunftsaussichten. Durch die Aggressionen in Europa wurde alles verschoben, zerstört, kann es nicht mehr wirken. Das Ausmaß des Krieges war vorher nicht vorstellbar. Das nächste Jahrhundert beginnt viel grauer. Lichtes ist nur im Keim vorhanden. Es sieht jetzt dunkel aus, aber die Engel sind hoffnungsvoll.«

Bei all diesen Botschaften kann man deutlich sehen, wie die Engel auf die Aktivität und Eigenständigkeit der Menschen warten, um sich dann mit ihnen zu verbinden. Es geht nicht darum, wie Menschen den Engeln gehorchen, womöglich gegen ihr eigenes Erkennen und Wollen. Es geht wirklich darum, wie Engel und Menschen zusammenwirken.

Das Verhältnis des Christus zu Jesus

Immer wieder entstand in mir die Frage, wie es sich verhält, dass Christus erst mit der Taufe in den Menschen Jesus eingezogen ist, wie es Rudolf Steiner aus seiner Geistesschau heraus schildert, und er doch ganz und gar ein Menschenschicksal durchlebt hat. Er muss doch dann auch eine menschliche Geburt durchgemacht haben. Genauso gehört zu einem vollen Menschenschicksal das menschliche Todeserlebnis. Rudolf Steiner schildert aber in den Vorträgen über das Markus-Evangelium, wie der kosmische Christusimpuls in der Gestalt des weiß gekleideten Jünglings, der nackt vor den Häschern flieht, den Jesus noch vor dem Kreuzestod verlassen habe.

Einerseits war Christus der einzige Gott, der als Mensch Geburt und Tod durchlebt hat. Andererseits ist er erst 30 Jahre nach der Geburt in diesen eingezogen. Genauso hatte er ihn kurz vor dem Tod verlassen.

Nach knapp zwei Jahren wagte ich den Engeln diese Frage, die mich schon so lange bewegte, vorzulegen. Da Agnes mit Anthroposophie noch wenig vertraut ist, bekam sie die Antworten in einer ihr verständlichen Ausdrucksweise.

So lautete die erste Antwort auf meine Frage:

»Bei Jesus Christus, dessen Menschwerdung man nicht vergleichen kann mit einer gewöhnlichen Menschwerdung, war das Christus-Ich schon vor der Geburt ganz auf Erden. Das heißt, sein Seelen-Innerstes war im Leib der Maria. Er hat sich völlig ins Irdische begeben. Bei der Taufe kam der Heilige Geist und hat ihm das Auge geöffnet, mit dem er alle kosmischen Zusammenhänge schauen konnte.«

Ich schilderte Agnes dann das Geheimnis der zwei Jesusknaben, wie sie von Lukas und Matthäus beschrieben werden mit ihren verschiedenen Stammbäumen, ihrer verschiedenen Kindheitsgeschichte. Und ich sagte ihr, Rudolf Steiner habe mitgeteilt, dass sich in dem von Matthäus geschilderten Jesus die Individualität des Zarathustra inkarniert habe und in dem von Lukas geschilderten Jesus die reine Adamseele, die im Paradies gebliebene Seele sich zum ersten Mal inkarniert habe. Wie sich dann die Zarathustra-Individualität in die Leibes-, Lebens- und Seelenhülle des Jesus gesenkt habe in dem von Lukas berichteten Ereignis, das mit dem zwölfjährigen Knaben im Tempel geschah. Und ich fragte, wie sich das zu der oben gegebenen Antwort verhalte.

Darauf bekam sie folgende Auskunft: »Matthäus und Lukas erblicken diese zwei-einigen Knaben. Sie sind eines, und doch kann man zwei erblicken. Es kommt darauf an, was man sieht oder was man zu sehen bestimmt ist! Es ist wichtig, beides zu erkennen und anzunehmen, denn beides ist eines. Das ist für den menschlichen Geist schwierig umzusetzen.

Gott-Christus ist nicht erst bei der Taufe in den Jesus eingezogen. Das wäre doch viel zu einfach für ihn gewesen. Das kosmische Christus-Ich wurde bei der Taufe durch den Heiligen Geist gebracht. Das ist ein weiterer, nein der höchste, vollendete Aspekt, der ihm noch verliehen wurde. Gott hat Geburt als Mensch erlebt! Als Mensch! Im Tode spricht er: ›Mein Gott, warum hast du mich verlassen?‹ An der Pforte zum Leben und zum Tod war Christus Mensch. Somit schließt sich sein Menschen-Erdenkreis.«

Am Abend desselben Tages wurde aufgrund meiner weiteren Fragen die Auskunft noch fortgesetzt: »Das Christus-Ich lebte in beiden Jesusknaben, bildete deren Leib im Mutterleib, ging durch die Geburt des Jesus«.

Als Agnes zurückfragte, wie er in zwei Menschen leben konnte, bekam sie den Vergleich, dass soviel unterzubringen war an Menscheitsschicksal, wie wenn ein Koffer für die Fülle des Inhalts nicht ausreicht und man zwei Koffer braucht.

»Es waren zwei und doch war es einer, in dem Christus Mensch wurde. Jesus war nicht die Inkarnation von Zarathustra und Adam-Kadmon. Sie bildeten mit ihm geistig ein Ganzes.«

Agnes sieht ein Kreuz. Der eine Balken ist Adam-Kadmon, der andere Buddha. Die Kreuzstelle ist über dem Haupt Jesu.

Dort, wo sich die Balken kreuzen, über dem Haupt, ist Zarathustra. Christus selber ist das ganze Kreuz. »In der Taufe verbindet sich mit Jesus Christus der kosmische Impuls. Der brennt in ihm und verlässt ihn kurz vor dem Tod in der Gestalt des fliehenden Jünglings. Der Mensch gewordene Gott Christus, der von Geburt an in Jesus lebte, geht auch durch den Tod. Drei Jahre lang lebte der kosmische Impuls in ihm. Das ist der kosmische Wille, der ihn eins sein lässt mit dem Vater und der den Weltenplan durch ihn auf Erden verwirklicht. Das Christus-Ich ist vor der Geburt eingezogen. Das kosmische Überbewusstsein, das nichts Menschliches, sondern göttlich ist, blieb in den Himmeln. Dieses kosmische Überbewusstsein überbrachte der Heilige Geist. Vor der Taufe hatte der Mensch Jesus-Christus Führer: Zarathustra, Buddha u.a. Nach der Taufe war er selbst alles. Er hatte alles Wissen in sich. Er war der Menschengott.«

Noch einmal schilderte ich Agnes alles, was Rudolf Steiner über diese Verhältnisse zu seinen Erdenzeiten gesagt hatte, und gab ihr das Fünfte Evangelium von ihm zu lesen. Dann fragte ich direkt: Lebte in Jesus das Christus-Ich als seine Individualität und nicht in dem Jesus, von dem Matthäus spricht, das Zarathustra-Ich und nicht im Jesus, von dem das Lukas-Evangelium spricht das Adam-Kadmonwesen?

Die Antwort war: »Christus ist Logos, ist *Alles*. In die beiden Jesusknaben wurde der Feuerlichtsamen eingepflanzt. Trotz alledem bestand der göttliche Kosmos weiter. Die höheren Welten würden den Logos als die Individualität Christus bezeichnen. Denn er ist göttlich. Er hat die eigene Geburt wie ein Menschenkind erlebt und gleichzeitig noch von einer anderen Warte aus zugesehen. Zarathustra wurde mit seiner Individualität geschickt und lenkte, geleitete den Matthäus-Knaben auf seinem Weg. Seine Zarathustra-Individualität befand sich bei dem Knaben. Der Knabe war aber ausgefüllt von göttlichem Licht. Zu diesem Zeitpunkt war das Licht natürlich noch leicht, schwach. Christus lebte in dem Knaben wie ein Mensch. Zarathustra war ein Mensch(enlenker). Der Teil des Logos, dem es möglich war, so ›tief abzusteigen‹, inkarnierte sich völlig. Der große Kosmos-Logos kam mit der Taufe. Es ist kein Widerspruch, zu sagen: Christus war die Individualität des Jesus. Die Mühen, die das waren, sind unvorstellbar. Gleichzeitig war aber die Individualität des Zarathustra da als Lenker. Auch er lebte im Jesusleib. Aber von Anfang an war klar, dass Zarathustra nur eine Zeit lang ein ›Wegbegleiter‹ ist. Und doch war Zarathustra inkarniert. Das ist möglich. Und ähnlich verhält es sich mit dem Lukas-Knaben. Wir sprachen davon, dass Christus seine irdische Geburt als Menschenkind erfuhr und gleichzeitig sah. Das verlor sich natürlich, denn er ist Menschenkind geworden, Kind-Mensch, nicht Gott. Das Bewusstsein in seiner Jugend war menschlich. Erst allmählich wuchs die Kraft in ihm. Und bei der Taufe wurde sein Logos wieder vervollständigt. Man kann nicht sagen, der Logos war vorher geteilt. Ein Teil des Logos inkarnierte, einer blieb im Kosmos. Und doch war es so. Nur: dieser Ausspruch ist so fest umrissen. Es gibt dafür nicht den richtigen ›Ausspruch‹. Es ist sehr komplex, und scheinbare Widersprüche sind stimmig.«

Wieder bewegte ich diese Aussagen in mir und versuchte, sie mit den Darstellungen Rudolf Steiners in Einklang zu bringen. Ich teilte den Engeln meine Gedanken dazu mit und bat sie, mir zu sagen, wie sie diese sehen. Ich schrieb: »Die Welt ist ja eigentlich ein Ganzes. Dass wir Geist- und Stoffeswelt getrennt erleben, liegt an unserem heutigen Bewusstsein, das nicht mehr erleben kann, dass alle Materie geronnener Geist ist, eine dichtere Verfassung von Geist. Er kann die Dichte der Materie auch wieder entmaterialisieren. Das geschah z.B., wenn der Auferstandene durch verschlossene Türen eintrat oder vor den sinnlichen Augen der Jünger verschwand. So könnte sich der Logos, das allumfassende Sohneswesen, Ich-Wesen, Wort-Wesen in dem Jesus-Menschen verdichtet haben, und zugleich könnte etwas von ihm im geistigen Zustand geblieben sein. Also könnten die beiden Zustände – verdichteter Geist und materieloser Geist – gleichzeitig als ein Ganzes wirken, bis für drei Jahre in der Taufe das gesamte Logoswesen einen Menschen durchzog. Es sind also verschiedene Dichtegrade, in denen der Logos-Christus in dem Jesus-Menschen lebt. Zarathustra und Adam-Kadmon leben in den beiden Jesusmenschen als Führer des heranwachsenden Jesus. Zarathustra ist ein großer geschichtlicher Menschheitsführer. Adam Kadmon ist das Wesen der Unschuld und Herzensreine. Sie leben als Ich- und Seelenwesen in den beiden vom Logos, vom Welten-Ich durchdrungenen Jesusleibern bis zu ihrer Vereinigung, wie sie Rudolf Steiner im ›Fünften Evangelium‹ schildert. Sie sind selber als Menschen-Ich durchdrungen von dem Welten-Ich Christus. Darum kann man das alles nicht getrennt sehen als ›entweder – oder‹, sondern als dynamische Prozesse, einander durchdringend, ein Ganzes in verschiedenen Zuständen. Können die Engel dem zustimmen?«

Die Antwort lautete: »Ja, das kann so gesagt werden.«

Nach diesem Ringen um Klarheit und um Zusammenschau der scheinbaren Widersprüche fand ich bei Rudolf Steiner folgende Aussage: »Wenn man spricht von dem Einzug des Christus in den Jesus, leugnet man deshalb, dass der Christus mit dem Jesu von Geburt an verbunden war? Ebenso wenig leugnet man dieses, wie man leugnet, dass die Seele im Kinde ist, bevor die Seele sozusagen aufersteht in diesem Kinde im Laufe des dritten Jahres« (GA 155, »Christus und die menschliche Seele«).

Aussagen über einige Apostel

Paulus

Ich stellte die Frage, ob die von Schelling aufgestellte Zuordnung der christlichen Kirchen zu drei Uraposteln der Wirklichkeit entspräche. Danach ist die katholische Kirche von dem Apostel Petrus geprägt, die protestantische vom Apostel Paulus und die zukünftige Kirche vom Apostel Johannes. Ich fragte, ob wir heute in einem johanneischen Zeitalter lebten, wie es oft auch mit dem Wort »apokalyptisches Zeitalter« ausgedrückt wird. Die Engel sagten, zurzeit sei nicht Johannes' Genius bestimmend. Ich solle selber herausfinden, wer es sei. Sie würden es mir bestätigen, wenn ich es herausfände. Ich würde bald ein Buch in die Hand bekommen, das mich auf die rechte Spur brächte.

Nachdem ich diese Auskunft erhalten hatte, nahm ich ein Buch, das ich mir vor einigen Tagen besorgt hatte, über Christian Rosenkreutz. Ich hatte es mir schon bereitgelegt, bevor ich die Auskunft erhalten hatte. Darin war ein Kapitel über den Apostel Paulus, der im Glauben, für das Gottgewollte zu kämpfen, die Vernichtung der Christen fanatisch betrieb. Und ausgerechnet er wurde erwürdigt, ein Christuserlebnis zu haben, das ihn zum Apostel des vorher von ihm Verfolgten werden ließ. Er schaute Christus in seinem jetzigen, leibfreien Zustand. Dass Menschen solche Erlebnisse haben können, beginnt in unserer Zeit wieder neu. Der Kampf gegen Christus und alles Geistige wie auch die Erfahrung der geistigen Gegenwart Christi, durchzieht die heutige Zeit. Hölle und Himmel sind offen.

Mir ging schlagartig auf: Paulusgeistigkeit bestimmt die heutige Zeitsituation. Das wurde von den Engeln bestätigt.

Judas

Zu Judas bekam ich einmal folgende Mitteilung:

»Es wird immer darauf hingewiesen, dass Judas bei der Salbung durch Maria Magdalena meinte, es wäre besser gewesen, man hätte das Geld den Armen gegeben. Hat das Judas wirklich gesagt? Nein, er hat es gedacht, und Christus hörte seine Gedanken und antwortete ihm darauf. Judas hatte Angst, Angst vor dem Mann, der seine Gedanken kannte. Umso unverständlicher – angesichts der geistigen Macht – war es ihm, warum Christus nicht endlich weltliche Macht als Judenkönig anstrebte. Er hatte immer Schwierigkeiten, mit Christus zu sprechen. Zu genau musterte er ihn. Er war gefangen in Liebe und Hass. Judas konnte diesen Gott nicht verstehen, sein Handeln nicht nachvollziehen. Eigentlich ist er ihm immer fremd geblieben. Als Judas starb, war er endlich erlöst. Es war, als würde ein Stein von seiner Brust gewälzt.«

Schicksal der Apostel

Zu einer späteren Zeit fragte ich, ob die Jünger und Paulus sich wieder inkarniert hätten.

Die Antwort war: »Diese auserwählten Apostel waren Menschen. Aber in ihrem Lebenswerdegang konnte das Karma gelöscht werden. Warum, mit welchem Sinn löscht man menschliches Karma? Diese Mithelfer und teilweise Sendboten Christi haben nach ihrem Tod andere Aufgaben übernommen. Teilweise haben sie sich wieder inkarniert, da ja nicht bei jedem ein Sinn darin lag, das Karma aufzuheben. Es gab für manche Apostel (z.B. bei Paulus noch zu seinen Lebzeiten) Momente, in denen ihnen Karma und die Zusammenhänge des Lebens offenbart wurden. Es war wie eine Tafel, wo man die Kreide aber wegwaschen konnte, was nicht heißt, dass nie mehr etwas auf dieser Tafel stehen wird. Aber nicht zu dem damaligen Zeitpunkt. Wenn es erforderlich ist, könnte man ein neues Erdendasein planen. Vom karmischen Standpunkt ist es nicht notwendig. Es gab auch Apostel, deren Tafel nicht gelöscht wurde und die sich inkarnieren. (Die Tafel ist ein Bild für Inkarnations- bzw. Karmapläne.)«

Ich fragte zurück, ob die Apostel von der geistigen Welt aus hineinwirken in die Menschheitsgeschichte, in die Entwicklung des Christentums.

Die Antwort war: »Auch in Bezug auf die Apostel können wir Ihre Ahnungen bestätigen. Sie wirken als Vermittler geistiger Impulse. Je nach der Schwingung, die auf der Erde herrscht, können die Apostel auf geistige Strömungen Einfluss nehmen. Bestimmte Menschengruppen stehen unter ihrem Schutz, unter ihrem Einfluss. Und die einzelnen Apostel versuchen, diese Strömungen noch zu verbessern, zu verfeinern.«

Die Bedeutung des Abendmahls

Einmal schilderten die Engel, wie das Abendmahl, das Christus mit seinen Jüngern feierte, von der geistigen Seite her erlebt worden ist: »Beim Abendmahl war die ganze geistige Welt anwesend. Sie waren wie eine große, weiße Wolke. Sie waren im Geistigen anwesend. Andere auch. Menschen, für die es wichtig war, haben es miterlebt, z.B. bestimmte Heilige, Menschen, die sich dafür interessiert haben. Sie haben sich der weißen Wolke, die alle Hierarchien vereinte, eingefügt. Die geistige Welt war anwesend in aller Fülle und Macht. Das ist wichtig!«

Maria

Mariä Lichtmess

Es wurde die Frage gestellt, was eigentlich Maria Lichtmess bedeutet, der 2. Februar, an dem in der katholischen Kirche die Kerzen geweiht werden? Es ist auch der 40. Tag nach Weihnachten, an dem Maria das Jesuskind in den Tempel brachte, wo es vom alten Simeon gesegnet wurde und dieser das Wort zu Maria sprach von dem Schwert, das durch ihre Seele dringen wird.

Die Engel sagten zu Maria Lichtmess:

»Ein Fest der Engelwelten zur Ehre Marias. Ein Fest, dessen Glanz die Erde berührt. Es umschwebt viel Musik die Erde. Ein Marienfest. Ein Fest, dessen Ursprung in der Vereinigung Marias mit der Erde und der Menschheit liegt. Der weiblich-göttliche Aspekt und die Menschwerdung Marias wird gefeiert, als ein Fest, das die ›Geschichte Marias‹ preist.

Warum am 2. Februar?

Die Konstellation am Firmament ist ausschlaggebend. Eine Wendung steht bevor. Die Weiblichwerdung, das Empfangen der Erde beginnt, das Wachstum. Der empfangend-weibliche Impuls beginnt mit diesem ›Marientag‹. Es ist der höchste ›Marienfeiertag‹ in den höheren Welten (abgesehen von Weihnachten).

Hände, die offen sind und empfangen.«

Mutter-Gottes-Darstellungen

Vor einem Moskaubesuch in der dortigen Gemeinde bekam ich den Hinweis der Engel, ich solle auf Darstellungen der Muttergottes achten. Darauf fragte ich zurück, ob das hieße, dass ich mir in Kirchen und Museen Ikonen anschauen solle. Dazu würde ich kaum Zeit haben. Ich bekam folgende Antwort:

»Mutter-Gottes-Darstellungen sind Urbilder für den weiblichen Aspekt in der geistigen Welt. Mutter-Gottes-Darstellungen sind ein ›Weltenurbild‹. Älter als die zweitausend Jahre seit Christi Geburt. Erdverbundener. Aber durch und durch durchchristet. Sie müssen nicht in Kirchen und Museen gehen. Sie wird Ihnen auch so begegnen. Sie brauchen dazu weder Zeit noch Vorsatz. Sie ist doch immerdar, wie Gott auch. Sie brauchen sie nicht zu suchen. Sie ist doch da.«

Wer ist Maria?

Meine erste diesbezügliche Frage an die Engel war, ob die beiden Marien, die Mütter der beiden Jesusknaben, sich noch einmal verkörpert haben. Darüber hatte ich bei Rudolf Steiner nichts gefunden. Mir wurde gesagt, dass das kosmische Weibliche sich in den Marien einmal menschlich verkörpert hat. Es wird nicht noch einmal als Mensch auf Erden geboren werden, aber es lebt in allem Weiblichen, sowohl in jedem Menschen, in jeder Frau wie auch im Kosmos. Es ist der Heilige Geist in seiner weiblichen Wesensart. Das kosmische Weibliche hat auch dunkle, auch böse Aspekte.

Ich fragte, in welchem Verhältnis die Urmutter Eva zu Maria steht und wer Lilith sei, von der die einen sagen, sie sei der Wesensteil Evas, der im Paradies geblieben ist, der nicht vertrieben wurde. Eine andere Überlieferung sagt, sie sei die Mutter der Dämonen.

Mir wurde geantwortet, dass in Eva das Weibliche mit den hellen und dunklen Aspekten in die Menschheitsentwicklung auf Erden ging. In Lilith blieb es in der geistigen Welt auch mit dem Doppelaspekt von hell und dunkel, von rein und dämonisch. Vom Verhältnis der beiden Marien zueinander sagten die Engel, dass, als der kosmische Christusimpuls sich bei der Jordantaufe mit dem in Jesus lebenden Logos verband, das jungfräuliche Wesen des kosmischen Weiblichen, das für kurze Zeit in der Maria des Lukas-Evangeliums gelebt hatte und früh gestorben war, in die noch auf Erden lebende Mutter Jesu einzog. So wurde diese geistig gesehen wieder jungfräulich. Ähnlich schildert es auch Rudolf Steiner.

Dann sagten die Engel noch, dass es in der geistigen Welt sowohl Muttergottes-Wesenheiten gibt, die von ihr durchdrungen sind, wie auch Heilig-Geist-Wesenheiten, die von ihm durchdrungen sind. Weltenseele und Weltengeist gehören zusammen. Sie zeugen und gebären den Sohn, das Welten-Ich in alle Ewigkeit. Einmal ist das auch als physisches Ereignis geschehen.

Unbefleckte Empfängnis

Ich fragte, was die jungfräuliche Geburt Jesu bzw. die Empfängnis Jesu in Maria durch den Heiligen Geist in Wahrheit sei.

Die Engel schilderten es so: »Im Geistigen ist die Empfängnis Jesu ein großes Fest gewesen. Es ist ein Ritual, eine Art Trauung gewesen. Auch Menschen haben daran teilgenommen. Maria und Joseph waren so erfüllt von dem geistigen Ereignis gewesen, dass sie sich in dem Tagesbewusstsein der leiblichen Zeugung nicht erinnern konnten. Maria hatte sich so jungfräuliche gefühlt wie vorher. Das ist unbefleckte Empfängnis. Joseph ist der leibliche Vater und wusste es nicht. Maria ist die Fülle aller Frauen.«

Keine Fürsprecherin

Ein anderes Mal wurde mir noch gesagt: »Maria ist keine Fürsprecherin, die für die Menschen Gott bittet, ihre Wünsche zu erfüllen, Gebet zu erhören. Sie ist die jedem Menschen innewohnende Mutter Christi, die Menscheitsseele, aus der das Menscheits-Ich geboren wird. Indem ein Mensch auf Maria schaut, belebt er das Marienhafte in sich selbst. Das ist die neue Marienverehrung, durch die die Menschenseele in der Menschheitsseele aufgehoben wird und so aus sich den Sohn gebiert, den Christus.«

Maria Magdalena

Später stellte ich die Frage nach Maria Magdalena.

Es wurde geantwortet: »Die Frau, die Christus die Füße salbte, war die ›geistige Geliebte‹ Jesu. Dieser Akt der Salbung ist mehr als die Salbung zur Vorbereitung auf den Tod. Es ist ein Akt absoluter Hingabe und Liebe.«

Das kosmische Weibliche – die drei Göttinnen

In einem Kurs über die keltische Weisheit schilderte Markus Osterrieder, wie die Kelten das kosmische Weibliche als drei Göttinnen verehrten: die Jungfrau-Göttin in Weiß, die Mutter-Göttin in Rot, die Göttin des Todes und der Wandlung in schwarz. In Bayern findet man diese drei als die drei ›Bethen‹ dargestellt, ein keltischer Rest, der in Gestalt dreier Heiliger in das Christentum übergegangen ist. Auch bei Marco Pogacnik war ich auf diese drei weiblichen Gottheiten gestoßen, deren Farben im Märchen von Schneewittchen so bedeutsam sind. Dort wünscht sich die Mutter ein Kind, so weiß wie Schnee, so rot wie Blut, so schwarz wie Ebenholz.

Mir kam die Frage, ob die drei Marien im Leben Jesu damit etwas zu tun haben.

Die Antwort war: »Die drei Marienbilder ergeben das kosmisch-weibliche Göttliche. Nur diese drei Bilder im Verbund sind vollkommen. Es stehen ja oft mehrere Bilder miteinander im Verbund, um ein Ganzes geben zu können. Die Lukas-Maria stellt das jungfräuliche, fast kindliche Bild des Weiblichen dar. Die Matthäus-Maria das Mutter-Weibesbild und Maria Magdalena rundet das Bild mit der Wandlung und mit der dadurch möglichen ›dunklen Seite‹ völlig ab.«

Maria Magdalena soll ja die große Sünderin gewesen sein, von der Christus sieben Dämonen ausgetrieben hat. Sie ging durch das Böse, erlebte die Wandlung und konnte mit der Mutter Jesu und dem Jünger, den der Herr liebt, unter dem Kreuz stehen, mit

Christus in der Seele den Tod erleben. So durfte sie die Erste sein, die dem Auferstandenen am Ostermorgen begegnete. Sie gelangte durch das Dunkle, das Schwarze, das Böse, den Tod zum Licht.

Die Engel sagten noch zur schwarzen Madonna: »Die schwarze Madonna hat zwei Aspekte. Es kommt darauf an, was man sehen will. Die Menschen, die ihr zuströmen, gehen nicht ins Dunkle, sondern in die Wandlung. Es gibt zwei Wege, wie man aus ihr hervorgehen kann. Die Orientierung ist bestimmt von dem, was man in ihr sieht, Chance oder Niedergang. Gläubige Menschen beten manchmal speziell eine dieser Marien an. Sie fühlen sich von diesem Bild angesprochen, bzw. es entspricht ihrem Glauben. Die Übergeordnete ist die Mitte der drei.«

Agnes bekam dieses Bild:

Lukas-Maria

Die kosmische weibliche Gottheit

Matthäus-Maria

Maria Magdalena

»Jede der Drei hat auch von der anderen etwas in sich, aber ihr Aspekt ist der vorherrschende.«

Die drei Frauenbilder in der Apokalypse

In der Apokalypse des Johannes gibt es auch drei weibliche Wesen.

Im 12. Kapitel, also in der Mitte der ganzen Offenbarung, schildert er die kosmische Frau, die das Kind, den Sohn gebiert. Sie ist mit der Sonne bekleidet, hat den Mond unter ihren Füßen und trägt die Krone der zwölf Sterne. Der Drache lauert zu ihren

Füßen und will das Kind, wenn es geboren ist, verschlingen. Das Kind aber wird gerettet zu Gottes Thron, und die Frau flieht in die Wüste.

Das zweite weibliche Wesen ist die Hure, die Hure Babylon. Sie verführt alle Großen der Welt, Könige, Kaufleute, Schiffslenker mit ihrem Reichtum. Aber am Ende wird sie verbrannt, und der Rauch ihres Brandes wird nicht aufhören. So heißt es im 18. Kapitel.

Am Ende der Apokalypse wird von der Braut gesprochen, die sich für ihren Bräutigam geschmückt hat, die Braut des Lammes, das himmlische Jerusalem. Das ist die Menschheit, die den wiederkommenden Christus erwartet. Sie und der Geist rufen: »Komm« und jeder, der den Ruf hört, möge rufen »Komm«. Die Braut ist hier also das Wesen der Gemeinschaft, die das Menschheitswerk, die Vereinigung mit Christus vollendet hat. Sie erscheint am Ende der Apokalypse als höchstes Ideal. In der Mitte ist das Entwicklungs-Drama der Menschheit gezeigt. Sie geht durch alle Verführungen. Aber das Feuer der Reinigung wandelt sie zu Asche. Asche wird in der Taufe der Christengemeinschaft als Substanz angesprochen, die die Kraft der Erneuerung in sich birgt. Das kosmische Weib ist das erste Frauen-Bild, das in der Apokalypse geschildert wird.

Ich fragte die Engel, ob die drei weiblichen Wesen der Apokalypse auch diesen drei Aspekten des Kosmisch-Weiblichen entsprechen. Das wurde bejaht; also: das Weib mit der Sonne bekleidet in den Wehen der Geburt ist Mutter-Göttin, die Hure Babylon die Göttin des Todes und der Wandlung, die Braut des Lammes die Jungfrau-Göttin.

Die Sonnenfinsternis im August 1999

Agnes schildert:

Mir stehen jetzt fünf Engel zur Seite, die mir Folgendes diktieren: Fürchtet euch nicht, denn die Furcht verdunkelt euren Blick! Diese Sonnenfinsternis hat die geistige Welt, den Astralleib stark bewegt. Es waren an »strategisch« wichtigen Punkten Engelschöre zugegen (so wie wir fünf Engel), die durch ihren Gesang das Gleichgewicht, die Harmonie der Erde versucht haben auszugleichen.

Was hat die Sonnenfinsternis bewirkt?

Durch das Verschwinden der Sonne, durch das Tagesdunkel fällt die geistig-astrale Erde in ein Vakuum. Durch unseren Gesang und unser geistiges Wirken wurde dem entgegengewirkt. Das Tagesdunkel ruft auch die bösen Mächte hervor. Sie wollen im Dunkel Macht ergreifen von Gebieten, wo die Ausgewogenheit flieht. Die Angst der Menschen zieht sie an. Kopflose Menschen sind so leichte Opfer. Auch dem haben wir entgegengewirkt. Und noch ein Drittes gab es zu bedenken. Kinder, die in diesem Moment gezeugt oder geboren werden, müssen beschützt werden vor einer inneren Disharmonie, die das Tagdunkel bringt. Diese Seelen sind anfälliger für das Dunkel der Seele. Diese Sonnenfinsternis war nur in bestimmten Teilen der Erde zu sehen und zu spüren. Das trifft auch auf die Auswirkungen zu. Um das Gleichgewicht der Erde zu stützen, waren wir über die ganze Erde verteilt. Die Auswirkungen für die Menschen waren aber speziell da, wo das Dunkel wirkte.

Nun ist dieses Himmelsgeschehen vorüber. Die Erde war kurzzeitig im Schlaf, im Tagesschlaf, und gleichzeitig die astrale Welt im Taumel. Nachdem sich die Wogen des Ungleichgewichts geglättet haben, ist die Welt klar. Die Luft klar. Und auch die Menschen hätten die Fähigkeit, »klarer« zu denken. Diese Klarheit ist wie ein Stolperstein für den Menschen. Hoffentlich nimmt er ihn als »aufwachenden Gedanken« wahr. Es liegen diese vielen geistigen Stolpersteine jetzt auf Erden. Ihr Symbol ist das Kreuz. Sobald ein Mensch an sie stößt, lösen sie sich auf. Ein Gedanke versucht daraufhin im Menschen zu keimen.

Apokalyptisches

Am Karfreitag erlebte Agnes etwas, was sie mit folgenden Worten schilderte: »Heute sah ich im Gottesdienst folgende Bilder: Zuerst sah ich Engel, allen voran Michael, alle nach der rechten Seite vor zum Altar gehen. Daraufhin trennte sich ein Bild. Links war eine unfruchtbare, öde Gegend, über die ein Adler segelte. Rechts war eine fruchtbare, schöne Landschaft. Dann sah ich Menschen, die beteten, sich auf die Knie warfen. Es kam eine große Flutwelle. Sie riss die Menschen mit sich fort. Aber es gab auch welche, die standen oder saßen völlig aufrecht, und sie blieben von der Flutwelle gänzlich unberührt. Nach der Flutwelle sammelten sich die ›Übriggebliebenen‹. Sie sammelten sich am Sonnensee. Die Sonne ist auf die Erde gekommen. Es war der Sonnensee. Sie trauerten nicht um die Dahingeschiedenen, sie waren nur betroffen, schweigsam und sehr aufrecht. Es gab auch keine Verletzten. Entweder man überlebte das völlig unbeschadet oder man war tot.

Einzig die Gottesmutter Maria trauerte, weinte ganz allein um die verlorene Menschheit. Ihr Unglück war groß. Die Gottesmutter wandelte zu den übrigen Menschen, die sich inzwischen gesammelt hatten und die aus der Verwüstung zum Garten Eden gehen wollte. Es war alles grau. Man sah alles verwüstet, was unser heutiges Leben ausmacht (Menschen, Häuser, Computer, Autos). Es war alles dem Erdboden gleich, ganz eben. Man schritt darüber hinweg. Maria ging unter den Menschen. Sie brachte ihnen Liebe in ihre Herzen. Man sah Maria nicht, aber man spürte ihre wohltuende Anwesenheit. Sie begab sich an die Spitze des Zuges und führte unsichtbar den Zug an. Die Menge schritt auf eine übrig gebliebene Kirche zu. Diese Kirche öffnete sich, sodass alle an der Messe teilnehmen konnten. Es war die Auferstehungsmesse. Die große Betroffenheit fiel von den Menschen ab. Manche konnten jetzt weinen. Manche begriffen erst jetzt. Es gab dort auch einen Brunnen und zu essen. Aber die Menschen waren keine Menschen mehr. Sie hatten Nahrung nicht mehr nötig. Dann waren die Bilder für mich zu Ende.«

Wie es zu diesem Buch kam

Eines Tages stellte ich die Frage, ob ich wieder ein Buch schreiben solle. Ich stellte verschiedene Themen zur Wahl. Darunter war auch das Thema »Engel«. Ich dachte daran, die Engelserscheinungen in der Bibel als Urbilder für heutige Engelerfahrungen darzustellen. Ich neigte aber genauso dazu, andere Themen zu bearbeiten. Da wurde mir die Antwort zuteil:

»Der Titel für Ihr neues Buch steht noch nicht fest. Nur eines steht fest: es handelt von den Engeln und Engelerfahrungen. Das Thema steht fest. Meinen Sie, alles, was zwischen uns und Ihnen geschehen ist, wäre umsonst?«

Nun begann ich mir Gedanken zu machen, wie ein solches Buch konzipiert werden könnte, welches seine innere Ordnung, seine Intention sein könnte. Und ich stellte die Frage, die schon vorher in mir war, ob ich die Engelsgeschichten aus der Bibel als Urbilder nehmen solle für Heutiges. Die Antwort war:

»Ja, es ist durchaus so vorstellbar. Es kann aber auch anders dargestellt werden. Vielleicht nehmen Sie die ›Urbilder‹ als geistige Stütze in sich selbst und beschreiben nur heutige Engelerlebnisse. Sie sollten intuitiv entscheiden, wo Sie Bezug auf das Evangelium nehmen und wo nicht. Es muss nicht unbedingt sein. Könnten die Engelsgeschichten nicht von etwas anderem getragen werden? Von ihren Namen, ihren Botschaften? Für was sind die einzelnen Engel zuständig? Wie bekommen sie ihre Namen?

Sie sehen ganz richtig: Ein Baum, das ist das Evangelium, und die Äpfel daran, das sind die heutigen Engelsgeschichten. Aber diese Äpfel sind nicht nur durch die Äste und das nach außen erscheinende Bild mit dem Stamm verbunden, sondern durch die Leben spendende Energie des Baumes. Die aber ist nicht sichtbar. Gibt es dieses nicht sichtbare Band, das aber durchwegs erspürbar, erhörbar ist, auch für die Engelsgeschichten? Wir bitten Sie, darüber nachzudenken. Sie haben so schöne Äpfel.«

Ich dachte ein wenig darüber nach. Aber dann schob ich das Thema erst einmal von mir. Ich sagte mir, dass es heute schon so viele Bücher über Engel gäbe. Was sollte da noch ein weiteres Buch? Wer sollte sich noch dafür interessieren? So schob ich das ganze beiseite, ließ es von meiner sonstigen Arbeit verdrängen. Da bekam ich eines Tages ungefragt eine Botschaft vermittelt:

»Es ist an der Zeit, über das Buch zu sprechen. Es gibt schon viel Literatur über die Engel, ihre helfenden Hände, ihre Botschaften, ihre Aufgaben, ihre Hierarchien. Wir wollen etwas anderes. Wir wollen, dass Sie über Engel schreiben, wie Sie sie erleben, als etwas sehr Lebendiges, etwas, das zum Alltag gehört. Wir sind nicht nur bei ›Fensterstürzen‹ da. Wir sind immer da und wollen den Menschen den rechten Weg zeigen. Das Engelsbewusstsein ist am Wachsen, nicht zufällig. Stellen Sie Fragen. Es ist uns wichtig. Sie sind der richtige Mensch für dieses Buch. Alles weitere hören wir von Ihnen.«

Dieser Aufruf traf mich natürlich sehr. Jetzt stellte ich ganz konkrete Fragen und bekam auch ganz konkrete Antworten. Eine davon war, ob ich in der Ich-Form schreiben solle. Dazu kamen verschiedene Antworten:

«Die Ich-Form ist dann notwendig, wenn sie wahrheitsgemäß ist. Die Wahrheit erreicht die Menschen. Schreiben Sie es so, wie Sie es erfahren haben. Diese Wahrheit trägt das Buch und verbindet mit dem ›lesend Erfahrenen‹. Wenn Sie Engelserfahrungen von anderen Personen kennen, schreiben Sie es auch so.«

In einer Nacht wachte ich auf und hatte das Gefühl, die Einleitung zu diesem Buch schreiben zu können. Ich tat es. Aber ich war doch unsicher, ob das nicht zu persönlich sei und ob ich in diesem Buch so offen über meine ungewöhnliche Engelbeziehung sprechen dürfe. Ich fragte und bekam uneingeschränkte Bestätigung für diese Einleitung. Es sei richtig, dass sie aus meiner eigenen Erfahrung und Seele sprechen solle, dass es mich selbst betroffen habe, sei wichtig. Ich wüsste schon jedes Mal die rechte Form, weil das Buch schon fertig in mir ruhe.

Davon allerdings wusste ich nichts. Ich hatte noch keine Ahnung, was und wie ich schreiben würde. Eine Bestätigung meiner eigenen Gedanken wurde mir noch zuteil, die mir sehr half, nämlich, dass es die Christusqualitäten im Menschen sind, die ihn mit seinen Engeldienern verbinden und dann erst umgekehrt, den Menschen zu Christus führen.

Zum Abschied, als ich an den Ort des Schreibens fuhr, bekam ich noch einen Zuspruch:

»Das Buch ruht bereits in Ihnen. Seien Sie ruhig persönlich. Seien Sie frei. Ihnen wird viel einfallen, verlassen Sie sich darauf. Auf die Ehrlichkeit kommt es an. Die Wahrheit trägt das Buch und bringt die Botschaft zu den Lesern. Diese Wahrheit ist erspürbar und macht die Leser so offen für das Engelwort. Sorgen Sie sich nicht. Wir umsorgen Sie!«

So wurde dieses Buch geschrieben als eine Art Auftragsarbeit. Wer es im Geist der Freiheit und im Wesen der Liebe aufnehmen kann, für den ist es gemeint. Es möge auf seine ganz eigene Art das Bewusstsein der Zusammenarbeit von Engeln und Menschen stärken und so zur Durchchristung der heutigen Zeitgeschehnisse im Alltag und im großen Menschheitswerden beitragen. Mit Dank an die Engel sei es somit beschlossen.

Nachwort

Ich möchte noch darauf hinweisen, dass Agnes unbekannt bleiben möchte. Dieses Buch wurde nicht geschrieben, um eine Fragewelle an die Engel über Agnes auszulösen. Die Botschaften, die es enthält, sind für jeden Menschen gültig, und es ist genügend Arbeit zu tun, sie in rechter Weise ins eigene Leben umzusetzen. Jeder mag, seinem eigenen Schicksal gemäß, die Beziehung zu den Engeln herstellen. Es ist in seine Freiheit gestellt, diese Schilderungen aufzunehmen oder abzulehnen. Nur mögen die Aufnehmenden und Ablehnenden sich nicht gegenseitig bekämpfen, sondern einander in der Andersartigkeit gelten lassen. So könnten im »Krieg aller gegen alle« vielleicht Friedensengel durch Menschen wirksam werden. Diesen Wunsch gebe ich dem Buch mit auf den Weg.

HANS-WERNER SCHROEDER

Mensch und Engel

283 Seiten, kartoniert

Aus den Überlieferungen aller älteren Kulturen tritt uns das Bewusstsein von Engelwesen entgegen. Erst in neuerer Zeit verschwinden sie aus dem Bereich des menschlichen Denkens und Erlebens und werden als ›religiöse Staffage‹ in die Rumpelkammer überholter Vorstellungen verbannt. Doch heute mehren sich wieder die Stimmern, die von Engelerfahrungen berichten und die Realität der Engelwelt anerkennen.
In Anknüpfung an das Alte und Neue Testament und an die Schriften der großen christlichen Lehrer wie Dionysius Areopagita oder Thomas von Aquin gibt Hans-Werner Schroeder ein differenziertes und umfassendes Wesensbild der Engel. Dabei werden erstaunliche Erlebnismöglichkeiten sichtbar, die auch den heutigen Menschen wieder an die Engelwelt heranführen können und es ihm erlauben, sich mit ihrer Wirklichkeit zu verbinden.

URACHHAUS

MICHAEL DEBUS
GÜNTHER DELLBRÜGGER

Engel-Erfahrungen

Was Mensch und Engel füreinander bedeuten

143 Seiten, Leinen
phoenix, Band 12

Engelerfahrungen – das sind jene Erfahrungen, die wir Menschen täglich machen können: Erfahrungen des Schutzes, der Führung und Hilfe, der Inspiration. Aber es gibt auch den anderen Gesichtspunkt: die Erfahrung, die die Engel an und durch uns Menschen machen. Was bedeutet unser Verhalten für die Engelwelt? Was reichen wir ihr an Gedanken, Gefühlen und Taten dar? Und wie ist der rätselhafte Satz des Paulus zu verstehen: »Wisst ihr nicht, dass sich an uns sogar das Schicksal von Engeln entscheiden wird?«

URACHHAUS

GERHARD WINKEL

Spuren der Engel

Begegnungen in Natur, Mensch und Kunst

184 Seiten, gebunden

Spuren der Engel – man könnte auch sagen: Spuren des Geistes –
kann der Aufmerksame überall entdecken. Dieses Buch berichtet von solchen Erfahrungen und möchte den Leser anregen,
aufmerksam zu werden auf die kleinen, unscheinbaren Erlebnisse, durch die der leise Hauch der Berührung durch ein höheres
Wesen weht.

URACHHAUS

IRENE JOHANSON

Schule des Schicksals

Das männliche Element im Evangelium

241 Seiten, gebunden

Die zwölf Jünger verkörpern Wesenszüge und Charaktereigenschaften, die jeder Mensch in sich wiederfinden kann. Diese verborgenen Jüngerqualitäten bringt die Autorin zur Anschauung und setzt sie in Bezug zu dem Schicksalerleben des heutigen Menschen. Jeder der zwölf Jünger erfährt gemäß seinem Charakter eine Erziehung und Unterweisung, die ihm Orientierung für das Lehrwirken in der Menschheit gibt. So ist es der werdende Mensch in uns, an den Christus sich wendet.

URACHHAUS

IRENE JOHANSON

Die Frau im Evangelium

173 Seiten, gebunden

Die Frauengestalten im Neuen Testament verkörpern jeweils einen Aspekt der Seele und ihrer Mission: der Christwerdung des Menschen.
Maria ist das Urbild der Seele und damit das höchste Ideal. Auf dem Weg zur Erfüllung dieses Ideals sind die Frauen im Evangelium – als Bilder der menschlichen Seele – Schauplatz tiefer Schicksalszusammenhänge.

URACHHAUS